APRENDE A ESCOGER EL MEJOR PROFESIONAL TUS INVERSIONES

RENTA DE PROPIEDADES y COMERCIOS / HOSTELERÍA

LUCAS V.

Contenido

LIBRO 1 : APRENDE A ELEGIREL MEJOR PROFESIONALPARA LAS INVERSIONES INMOBILIARIAS

Capítulo 1: Invertir en hogares para vacaciones.....10

COMPRAR PARA ALQUILAR: VIVIENDAS VACACIONALES 10

Capítulo 2: Renovación total VS de una casa, con posibilidades de rediseñar 30

DIFERENCIA ENTRE LA RESTAURACIÓN Y EL " CAMUFLAJE...30

PASOS PARA UNA REMODELACIÓN COMPLETA 39

ESCENIFICACIÓN DE CASA...47

Capítulo 3: Invertir en 2020 después del Coronavirus 56

CORONAVIRUS: COVID-19 COMO UN FACTOR DISCRIMINANTE EN LA ECONOMÍA.......................56

LA CARTA DEL COBRE-19 A LAS FUTURAS GENERACIONES 60

COMO CAMBIARÁ EL MERCADO INMOBILIARIO A PARTIR DEL 2020..63

CAMBIOS SOCIALES Y ECONÓMICOS.....................68

MERCADO RESIDENCIAL: LO QUE CAMBIA.........71

EL MERCADO COMERCIAL: LO QUE CAMBIARÁ 79

¿Y SI MAÑANA HUBIERA UN NUEVO "CORONAVIRUS"? 82

Capítulo 4: La clasificación e identificación de las mejores propiedades de inversión...........................92

LIBRO 2 : Aprende a Escoger EL MEJOR PROFESIONAL PARA TUS INVERSIONES en comercios / hostelería

Capítulo 1: Alimentos y bebidas de negocios y entretenimiento 124

QUÉ ES UNA ACTIVIDAD COMERCIAL 124

QUIÉN ES EL INDIVIDUO QUE DESARROLLA UNA ACTIVIDAD COMERCIAL...125

QUÉ ES LO QUE LLEGA A GENERAR UNA ACTIVIDAD COMERCIAL..129

LO QUE NECESITAS SABER PARA ESTABLECER UN NUEVO NEGOCIO...131

QUÉ ES LO QUE HACE QUE UNA ACTIVIDAD GANE 137

RIESGO DEL NEGOCIO 145

COSTOS, INGRESOS, GANANCIAS 147

Capítulo 2: Renovación total VS de un bar con barra de una propiedad, con posibilidades de rediseñar 152

DIFERENCIA ENTRE LA REESTRUCTURACIÓN Y LA REORGANIZACIÓN 152

PASOS PARA UNA REESTRUCTURACIÓN INTEGRAL 158

INVERSIONES A ESCALA 181

CAPITULO 3: MARKETING PARA EMPRESA 187

LA DIFERENCIA ENTRE EL MARKETING Y LA PUBLICIDAD 187

EL MARKETING DESPUÉS DE COVID-19 190

EL CORONA VIRUS ES VISTO COMO EL " GRAN GENIO DEL MARKETING" 208

ACCIONES DE MARKETING EN ACTIVIDADES COMERCIALES 210

QUIENES NO NECESITAN EL MARKETING 220

ACCIONES DE MARKETING PARA OPTIMIZAR EL SECTOR DE LA ALIMENTACIÓN Y LAS BEBIDAS 224

Capítulo 4: El mejor agente inmobiliario para inversiones comerciales: bienes raíces y activos 270

LAS FUNCIONES PROFESIONALES 271

CARACTERÍSTICAS PERSONALES 287

BIENES RAÍCES COMERCIALES Y ECONOMÍA: EL CONCEPTO DE TIEMPO 295

Capítulo 5: CONCLUSIONES 298

Información del autor 302

APRENDE A ELEGIR EL MEJOR PROFESIONAL PARA LAS INVERSIONES INMOBILIARIAS

"Como un agente TOP va a convertirte en: UN PROPIETARIO RICO QUE VIVE DE ENTRADAS PASIVAS"

LUCAS V

<" piensa en tu mercado inmobiliario dentro de 10 años
>LV"

Capítulo 1: Invertir en hogares para vacaciones

COMPRAR PARA ALQUILAR: VIVIENDAS VACACIONALES

En los años anteriores se ha producido una fuerte expansión del concepto de alquiler con fines turísticos, dictada por la novedosa introducción de Booking.com, que se lanzó como un sitio web dedicado exclusivamente al alquiler de habitaciones para hoteles (destinado por tanto a las organizaciones profesionales pertenecientes al ámbito de la hostelería) y luego convirtió su oferta ampliando al sector privado, con la posibilidad de alquilar casas de propietarios y no de especialistas. Con la llegada de Airbnb.com, el sitio web interesado en todo tipo de alquileres privados, desde una habitación hasta un piso entero, desde el barco hasta la tienda de campaña, el concepto se ha popularizado decididamente mucho más hasta llegar a ser una verdadera y auténtica tendencia y un verdadero auge, tan rápido que ni siquiera la normativa legislativa y fiscal se ha mantenido: en un principio ni siquiera había una imposición de impuestos bien delimitada por las normas que determinan qué sujetos eran diputados o no para practicar este tipo de actividad. Cualquiera que se encontrara en los últimos tres años se había lanzado a este tipo de negocio, comprando casas, alquilando habitaciones o caravanas o cualquier otra cosa, lograba reunir ahorros que en algunos casos eran verdaderos y propios "dineros de bolsillo" de fin de mes para cubrir los gastos de las facturas, mientras que en otros casos se convertía en un segundo trabajo o en un mundo semiprofesional donde se obtenían importantes ganancias.

Pero, ¿qué sucede cuando se hincha mucho como un globo y de manera muy rápida sin preocuparse de cuánto está soplando? Se rompe.

Durante un par de años, varios municipios, zonas o regiones, lucharon en la lucha por las licencias: como había un vacío reglamentario o una innovación, trataron de solucionarlo con la regulación de los diputados de esta actividad, pero cayendo en un enorme error: pensaron demasiado en la idea de una situación hipotética, sin pensar en la realidad existente. Se habían hecho leyes bizarras, poco prácticas desde el punto de vista urbanístico y luego las modificaciones, entre las licencias emitidas y las que deberían haberse emitido, con los siguientes juicios legales: el resultado es que la rentabilidad de las casas de vacaciones se ha venido abajo incluso antes de que pudieran aplicar una solución, porque el mercado se mueve más rápido que la burocracia, y esas normas pueden ser válidas dentro de unos años, si tenemos la suerte de encontrarnos en otro ciclo económico inmobiliario próspero, pero ahora sirve de muy poco.

Cuando digo que el sistema se está hundiendo, quiero dar a entender que ha sucedido lo que los analistas y nosotros los expertos estábamos observando: demasiadas personas que han empezado a realizar en secreto la misma actividad juntos.

Cuidado: ¿estoy diciendo que nadie gana mucho dinero con las casas de vacaciones? Absolutamente no, al contrario: hay personas que ganan y seguirán ganando porque compraron con ciertos criterios de selección que son siempre caballitos ganadores, y hay algunas organizaciones que seguirán vigilando porque están bien estructuradas y saben hacerse presentes, distinguir y evaluar su inversión en los buenos y en los malos tiempos. Pero este libro está dirigido a pequeños inversores, o más bien a principiantes, por lo que tengo que preocuparme de señalar que, a diferencia de años anteriores, ya no podremos comprar una propiedad al azar, o la primera que nos parezca poco costosa, fuera de la zona, sin hacer un estudio previo. Eso porque, en el tiempo de las "vacas gordas" como antes, sin reglas, todo valía; pero cambiando el ciclo económico, sólo avanzará y producirá ingresos la mejor y más ventajosa calidad/precio para el cliente, ya que la demanda será significativamente menor que en años anteriores. Es indudable, a partir de las entrevistas y los vídeos que había grabado en los últimos meses de 2019 (incluso antes de la emergencia de la covid-19 que golpeó al mundo y que provocará importantes daños económicos en todos los sectores y cambios decisivos, especialmente en el sector del turismo) que, sin embargo, llevaba mucho tiempo aconsejando a mis clientes, propietarios e inversores, que en 2020 las condiciones cambiarían. En cuanto a las casas de vacaciones, hubo las señales y la primera reacción de los propietarios que empezaron a vender su inversión, en muchos casos sólo después de dos o tres años de haberla montado. Era una actitud sospechosa: ¿por qué se desmanteló en tan poco tiempo un negocio "tan rentable" con un desembolso tan importante de líquidos? ¿Alguien se ha creído alguna vez el cuento de hadas de que esta gente ganaba demasiado dinero, pero se había cansado de este tipo de inversión? Todo es mentira: cuando una inversión funciona realmente sólo hay dos razones por las que un propietario decide vender: o bien quiere maximizar sus beneficios, pero entonces en términos monetarios nunca es un trato y hay que hacer bien las cosas y predecir si a la larga habrá la posibilidad de amortizar una posible compra; o bien está mintiendo y no gana tanto!

Bingo: Aquí está la razón.

La verdad es que las casas de vacaciones, a largo plazo, son un gran negocio para una gran organización o, por el contrario, es un grandísimo negocio para "la señora María" que en su tiempo libre arrienda una habitación en un sótano a tiempo para pagar la luz, pero nunca han sido y nunca serán para un inversor común. Dado que todos siguen viviendo en la luna y siguen pensando en comprar una casa con los famosos "100.000 euros del abuelo" (cantidad a menudo fuera de mercado que representa a veces sólo cuatro plazas de coche o un mini-apartamento en una gran ciudad; en las afueras se permite la compra de una casa modesta completa), hay que estudiar absolutamente y comprender que hay algunos precios fijos que no son indiferentes a la hora de comprar y revender propiedades inmobiliarias y sobre todo hay una polémica sobre el reintegro del costo que seguramente requiere pensar en su negocio durante un período de al menos 10 años.

¿Diez años? Pero si el boom de las casas de vacaciones explotara y se desinflara en menos de 5...

Por supuesto, de hecho, excepto los dos casos mencionados anteriormente, para todo lo demás sólo ha sido una tendencia o una burbuja de jabón, porque el que no tenga una idea para ver en el momento adecuado cuando se desinflaron los pedazos, o que estaba pensando en hacer de esto una vida duradera, se está preparando para sobrevivir durante los tiempos difíciles. Hay que decir que quien compró en lugares privilegiados o prominentes, es decir, con vista al mar, en primera línea de paseo o cerca de zonas simbólicas, en el centro o en cualquier nivel de propiedad y características especiales (áticos y casas de la ciudad, mercancía muy rara), ¡nunca perderá nada de su patrimonio! Pero en cambio quien invirtió en lugares no identificados, guiado por el único que discrimina para comprar a bajo costo, si ha perdido el hilo del ciclo económico conveniente, encontrará muchos problemas en el nuevo año tanto en la venta, como en la continuación de este tipo de alquiler. Recuerda siempre que en nuestro análisis tenemos siempre en cuenta a los sujetos que emprenden una actividad con todos los permisos y el respeto de las normas, incluidas las fiscales y legales. En las estadísticas no se incluyen los que operan dentro de las líneas permitidas por la ley o con medios no legales, destinados a mantenerse a flote y por lo tanto no están autorizados o son ilegales para ejercer su actividad.

Las casas de vacaciones comunes o de baja calidad tienen, por lo tanto, un descenso de la rentabilidad debido a la disminución del mercado en general, pero también a la fuerte recuperación en el Oriente Medio, que en este momento parece haber suavizado los conflictos de los últimos años y que siempre tiene un atractivo. El observador cauto vio los indicadores de un cambio radical en las inversiones por diversos motivos, independientemente de los acontecimientos en la casa de vacaciones, con sólo mirar el contexto general: recordemos la crisis de los operadores turísticos que en 2019 perdieron dos gigantes que movieron a millones de personas en todo el mundo: esto ha tenido un impacto directo en los precios de los billetes de avión, que han aumentado para ciertos destinos hasta alcanzar cifras inaccesibles para ciertos períodos; el cierre de bases aéreas y el cambio de política de las principales compañías aéreas. Por si las razones ya descritas no fueran suficientes, también podemos mencionar las consecuencias de Brexit que en los próximos meses o el próximo año llevarán a los británicos a analizar la oportunidad de tener una segunda vivienda y muchos impuestos que pagar, o vender, para luego introducir nuevas propiedades en el mercado (que se sumarán a las ya presentes desde un punto) por razones familiares, a las casas de vacaciones abandonadas y a todas las que se venderán por diversas razones y por lógicas del marketing). Siempre tenemos en cuenta las nuevas construcciones, muchas de ellas, porque pasaremos rápidamente de un ciclo de producción a una recesión, incluso más drásticamente después de la llegada de la covid-19, algo de lo que nadie en el mundo había tenido ninguna advertencia.

El resultado: mucha competencia que llevará en un tiempo razonable a una caída significativa del valor de una propiedad y por lo tanto del precio de venta.

Pero volvamos a nuestro pequeño inversor. El consejo es obviamente no invertir en casas de vacaciones en estas condiciones, pero el aporte es en cambio "estar listo para invertir". La razón es que no hay que hacer necesariamente lo mismo: el sistema de casas de vacaciones se ha saturado completamente en pocos años debido al aumento desproporcionado de la oferta y la demanda que se ha vuelto cada vez más exigente, impresionante, para los que querían llenar las fechas, para ser cada vez más competitivos, para bajar los precios y por lo tanto obtener menos ganancias. De hecho, los que sobrevivan a este sistema ahora en recesión serán las organizaciones que han podido variar y trabajar en forma escalonada en diferentes áreas y tipos, el particular que ha comprado una propiedad verdaderamente única o precisamente "Señora María" que estará encantada de pagar algunas pequeñas compras. Todos los demás, que han hecho bien en la distancia, entre el tiempo que pasaron en la gestión de los huéspedes, y en el tipo de vida que solían soportar, para derivar lo que al final es "una miseria", eliminaron los gastos como las tasas y comisiones del portal, y los gastos de gestión como las compras, las reformas, la limpieza y el mantenimiento. Quien se aventurara a hacer un cálculo detallado de su inversión, recuerde que, al margen de esto, siempre hay que tener en cuenta que durante la fase de compra se pagaron gastos como los impuestos sobre la compra de inmuebles y el registro notarial que no son indiferentes. En la fase de venta se puede incurrir en los gastos de la agencia (que, sin embargo, cuando es buena, puede ofrecer un servicio competitivo, que como veremos más adelante, ahorra dinero real; además, cuya factura por la actuación es fiscalmente deducible), y una serie de gastos que todos subestiman también porque la mayoría de ellos son posteriores a la venta y llegan, como una sorpresa incluso hasta un año después: son los temibles impuestos sobre la venta, que van desde el impuesto territorial más cercano del municipio al que pertenecen los inmuebles, hasta la incidencia en la declaración de la renta, donde obviamente habrá que declarar la renta por la venta de la casa con porcentajes absolutamente importantes, en base al cálculo de la tan deseada renta (por lo que a menudo es inútil intentar inflar tanto los precios en la fase de reventa, para luego tener ganancias improbables, sobre las que hay que pagar impuestos más tarde). Si se produce un aumento de capital, debido a este tipo de ingresos, habrá que pagar impuestos: evidentemente para un vendedor no será una buena noticia, también porque la mayoría de ellos no lo tienen en cuenta, insistiendo en frenar la venta de su inmóvil, buscando un beneficio ideal, que no será tal en la realidad. En resumen: "¿por qué, salvo en casos excepcionales, la casa de vacaciones no es una gran inversión? (a menos que se haga de manera profesional y escalar o peculiar)". Porque sobre la base de la depreciación a largo plazo, eliminar los gastos antes, eliminar los gastos durante y eliminar los gastos después, cuando se tira de la cuerda, si se fue parejo o "trajo el pan a casa", hay que estar muy satisfecho (sin olvidar también el tiempo y los recursos "perdidos" que podrían dedicarse e invertirse en otras actividades tal vez más productivas).

CASAS DE VACACIONES vs. CASAS DE ALQUILER DE LARGO PLAZO

Entonces, ¿qué se le aconseja comprar si este modelo no es rentable a largo plazo? La respuesta es simple. Como hay bienes de moda, como es el caso de los activos seguros como ocurre con las acciones de la Bolsa: las vacaciones son un producto de moda que permite utilizar las rentas de alto rendimiento, pero son una operación de alto riesgo, si se analiza toda la inversión. En realidad hay que ofrecer un alto nivel, ganar la competencia despiadada y hacer una planificación especulativa a una escala muy específica para diferenciar la inversión. El activo seguro, es decir, en el que se aconseja invertir sin equivocarse nunca, es la casa para alquilar en la zona residencial: no es raro que la gente compre o alquile una casa para vivir. No es una novedad, no está de moda, pero ante todo es seguro. En segundo lugar, es ascendente. Luego, si se quiere otra serie de razones para conocer la rentabilidad de alquilar por un largo período, podemos mencionar que es una inversión con entrada de pasivos, lo que significa que una vez elegido bien (¡y no erróneamente!) el perfil del inquilino de la habitación, y fijado el sistema de contrato, ya no requiere ningún tipo de administración diaria. Entonces, si quieren estar más seguros, pueden organizarse con algunos planes de seguros sobre la propiedad o incluso sobre el incumplimiento del pago del alquiler. Con estas precauciones tendrá un negocio sólido, en pleno funcionamiento, reconocido por el banco en términos de ingresos, a la hora de solicitar una hipoteca para otra inversión y absolutamente alentado por cualquier ley estatal, que propone una fiscalidad mucho más favorable con respecto a la actividad de las casas de vacaciones. Así pues, en determinadas zonas geográficas, la demanda de alquileres a largo plazo es tan elevada que no hay ni siquiera mucha competencia, por lo que se pueden obtener buenos rendimientos en condiciones de mercado absolutamente favorables.

Evite de esta manera tener un personal o intervenir para registrar la entrada y la salida a cualquier hora del día y de la noche, con frecuentes retrasos y malentendidos. Evitará el trabajo doméstico y la necesidad de ser siempre competitivo cada semana, y podrá dedicarse a otro trabajo o planear otra inversión para que ésta pueda subir por sí misma. ¿Gana menos? Sí, pero este modelo de negocio es aplicable y próspero desde el principio de los tiempos: de hecho, muchos objetarán que en los últimos años los ingresos de las casas de vacaciones fueron sin duda mejores: excepto que es algo dudoso, ya que los alquileres de las viviendas también han crecido hasta cifras exageradas, y aparte de eso ya hemos discutido que los cálculos no se hacen sólo sobre los insumos y a corto plazo, sino sobre los costos-ingresos y a largo plazo; en cualquier caso, puedo argumentar con mucha fuerza que algo que ha existido durante mucho tiempo, no puede compararse con algo que ha funcionado durante algunos años y del que ya vemos evidentes límites. Sin embargo, si hay alguien que no tiene la misma idea, dados todos estos razonamientos evidentes, puede continuar con normalidad en la tendencia, sabiendo que, como quiera que se llame "riesgo" y en cuanto a la definición, no excluye la posibilidad de pérdidas significativas de capital y de tiempo, a menos que tenga la fuerza para hacerlo de manera estructurada y escalonada.

Por último, propongo una idea verdaderamente innovadora, pero menos arriesgada. Se trata de mi modelo de renta de alquiler personal que no está absolutamente conectado a las casas de vacaciones, pero tampoco es un modelo de alquiler tradicional. Hablo de emplear un espacio normativo y trabajar en la legalidad, consciente de que está en la línea divisoria, pero de momento siempre en el lado correcto. Se trata de un modelo sin competencia, con una gestión fácil y costos accesibles, y quizás incluso con mejores precios que el alquiler tradicional (aunque no sean comparables con los ingresos brutos de las casas vacacionales). Estoy hablando de un alquiler a medio plazo o de un alquiler de temporada. Planteo este modelo como una inversión de futuro, adecuada sólo en determinadas zonas, porque combina, en mi opinión, todas las ventajas del alquiler a largo plazo y muchas de las ventajas del modelo de casas de vacaciones, sin tener sin embargo las mismas cargas y defectos.

En efecto, el alquiler de temporada, que por definición podría ser por ejemplo de 4 o 6 meses, según las normas generales de la región de funcionamiento, no incluye ningún juego de competencia: pensemos por ejemplo en los hoteles que no tienen ninguna intención de competir con este tipo de clientes porque ejercen otro tipo de profesión. Si, por ejemplo, intentas pedir a un hotel que alquile una habitación durante seis meses a una tarifa preferente, muchos te dirán que eso es poco rentable y que no se ajusta a la política del hotel. En el caso de las casas vacacionales, los hoteles tienen algo más que ofrecer y no están de acuerdo: están haciendo el trabajo exacto de un hotel y por definición siempre habrá competencia y guerra entre las dos partes. En cambio, ahora planeamos trabajar sólo con 3 o 4 clientes al año para alquilar nuestra propiedad: tendrán un contrato de varios meses y si quieren quedarse más tiempo, para sus necesidades, serán bienvenidos. Con la debida atención y cambios, la legislación actual se adaptará a largo plazo en ausencia de una normativa específica, con una relativa fiscalización, y no habrá necesidad de depender de un portal (Airbnb y Booking tienen importantes tarifas de servicio) para encontrar a los clientes. Pensemos en todos los turistas de una zona marítima, que por razones físicas o de relax deciden pasar una larga estancia. Pensemos en el caso de algunos países en los que, por razones de trabajo, les resulta más conveniente trasladarse durante seis meses a una zona con un clima muy suave en lugar de encender la calefacción durante el largo invierno escandinavo o el británico, por ejemplo. Pero entonces podemos pensar en quien emigra del país de origen buscando una ocupación, que tal vez no tiene todavía la documentación o los requisitos de trabajo para garantizar un alquiler a largo plazo, pero que tiene algunos ahorros que garantizan o cubren algunos meses de alquiler inicial. Piense en quién está construyendo una casa o quién "vende para comprar otra casa" y que con gusto alquilaría algo a mediano plazo, y en docenas de otros casos. Hay todo un mercado y no hay competencia. Sin embargo, como en todas las inversiones, el movimiento correcto debe hacerse en el momento adecuado y la ubicación y el tipo de propiedad no debe estar equivocada. Basta con la búsqueda de la compra más extraña sólo porque tenía un bajo costo: ese era el mantra de la casa de vacaciones, en el período de auge; una inversión de moda, inestable y por lo tanto especulativa. Por lo tanto, debemos diferenciar y comprender cuál es la propiedad adecuada y cuál es la de menor utilidad. Si no se tiene conocimiento de la zona, lo más aconsejable es contar con el mejor profesional de la plaza, que no es el que necesariamente nos quiere vender algo, sino el que entiende las necesidades de un inversor comprador según el plan director que ha elaborado y le comunica. Una vez identificado, negociado y comprado el inmueble, hay que ponerlo en condiciones de producir ingresos, es decir, prepararlo, para que pueda ser alquilado a medio o largo plazo, respetando ciertos honorarios de calidad media-alta que son esenciales para ser competitivos en el año 2020.

Por esta razón, veremos cómo renovar completamente o arreglar la casa que acabamos de comprar "en buen estado", sólo en ciertos casos, para que sea una inversión productiva.

<" La renovación y la escenificación de la casa tienen algunas reglas y equilibrios bien definidos"> LV

Capítulo 2: Renovación total VS de una casa, con posibilidades de rediseñar

DIFERENCIA ENTRE LA RESTAURACIÓN Y EL "CAMUFLAJE"

Volviendo a nuestro primer inversor, no puedo dejar de explicarle detalladamente la diferencia entre llevar a cabo una renovación total de una propiedad, o darle sólo el clásico "retoque". Evidentemente todo depende del estado inicial real en que se encuentre el inmueble, de la normativa vigente y del proyecto que se le haya ocurrido a largo plazo. Es evidente que, para adquirir una licencia de residencia vacacional, hay intereses y criterios y ciertas normas a seguir, mientras que en el alquiler a largo plazo decimos que son comparables a las normas apropiadas y actuales de cualquier residencia. Pero cuando en cualquier caso decidamos intervenir, tendremos que planificar una nueva inversión para poner la propiedad en condiciones ideales: es bueno comprender cuándo es conveniente renovar todo (y cuándo no), según el caso, desde el punto de vista estético y de uso, pero sobre todo desde el punto de vista financiero.

Iniciemos con la reflexión de que una inversión a largo plazo siempre merece una inversión importante y generosa, a diferencia de una inversión especulativa, cuyo beneficio es elevado sólo si se contienen los costos (otra razón por la que no se ve el sentido de muchas operaciones con casas de vacaciones improbables y poco probables, con renovaciones que nunca se amortizarán). Una inversión que dura en el tiempo siempre merece un ajuste adecuado, por lo tanto, si se tratara de un cliente que ha comprado una casa inactiva durante algunos años, con los ojos cerrados recomendaría una renovación total, mientras que al cliente que quiere especular le diría absolutamente que se apoye en el mejor profesional de la ambientación de casas de la zona y que intente hacer todo con la mayor imaginación y gusto, pero con el menor desembolso posible.

¿Qué es un profesional en el área de decoración de casas? Podría compararlo simplemente con el maquillador de un artista famoso: debe trabajar con lo que hay, conservando el alma del sujeto, salvando los rasgos sustanciales y característicos porque no puede permitirse el lujo de cambiar totalmente; sin embargo, debe dar pinceladas significativas que, manteniendo la misma sustancia, oculten los defectos y realcen las cualidades, añadiendo elementos secundarios y accesorios que realcen las características y la nueva personalidad que se quiere atribuir al propio sujeto. Es prácticamente el arte de utilizar lo que hay y algunos otros recursos nuevos, organizarlos, combinarlos y obtener una mezcla nueva, dinámica y original. Evidentemente tiene costos diferentes en comparación con una remodelación total y no resuelve en absoluto los problemas que una inversión más cuantiosa puede resolver. Sin embargo, ayuda a mejorar la percepción de un entorno, a hacerlo más agradable y actualizado y a dar un cambio de ambiente; si se estudia bien puede ser igualmente radical. Las dos técnicas (renovación y ambientación) también pueden combinarse hasta cierto punto, y esto es lo que normalmente tratamos de hacer en las propiedades que tienen una buena base y que sólo necesitan ser actualizadas para el siglo XXI; el ejemplo típico es el de una casa que es buena para la instalación y distribución del suelo, pero que no tiene ninguna consistencia en la colocación de los muebles, los colores y quizás algunos separadores. Normalmente intervenimos para renovar el área de la cocina y el baño y para proceder a una remodelación de las otras áreas, para recuperar y salvar lo rescatable y luego dar un toque final consistente y dinámico a toda la casa. El problema es que casi todos los vendedores están convencidos de que tienen un hogar ordenado y funcional, cuando en realidad casi nunca es así. La mayoría de las veces, en efecto, la casa está organizada pero exclusivamente de acuerdo con un gusto y una línea completamente personal, que sin embargo no se ajustan a las necesidades de la mayoría de las personas con sentido común; por lo tanto, aunque en esa casa el vendedor esté convencido de que se siente cómodo, según las circunstancias, puede incluso llegar a ser extraño o inútil para los usuarios del mercado de compradores. Así pues, lo primero que hay que hacer es darse cuenta, a la hora de comprar, si una casa necesita ser renovada y en qué medida, para no encontrarse con algunas sorpresas desagradables en una etapa posterior. Muchas veces quien vende una casa, ya sea particular o agente, no es experto en renovaciones, y esto puede ser un problema porque cuando el comprador no está tan bien, se crean muy fácilmente expectativas que luego no se cumplen; la consecuencia es encontrarse con importantes aumentos de costos para el comprador que, para tener una propiedad verdaderamente funcional, se ve obligado a recurrir a grandes presupuestos adicionales. Otro problema es que en la actualidad cualquiera, influenciado por la fuerte corriente de las casas vacacionales, está convencido de que es el mayor experto en renovaciones de todos los tiempos, cuando en realidad muchas veces no conoce la realidad de ese tipo de viviendas, no tiene fundamentos de arquitectura o no colabora con personas expertas y piensa que comprar unos muebles exóticos en el supermercado es saber amueblar una casa. Tanto la renovación como la puesta en escena de la casa tienen reglas y equilibrios bien definidos y quienes no los respetan se encuentran a menudo con un producto final de mala calidad y por lo tanto de poca durabilidad, e incluso peor, con problemas o con un producto final más bien defectuoso e incongruente. Por así decirlo, se encuentra con desechos hechos por un aficionado, sin alma ni sentido del equilibrio.

Algo que no hay que subestimar es la implantación, antes de decidir qué tipo de solución se va a hacer. Hay que recordar siempre que para las "nuevas" normativas (que ya no son nuevas porque están vigentes desde hace años), el sistema eléctrico debe cumplir con los parámetros regionales de las empresas suministradoras y está sujeto al diseño y firma de un técnico especializado: esto significa que no existe el bricolaje. Por supuesto, si un sistema necesita cambiar un par de enchufes, no pasa nada, pero en el caso de que se solicite un aumento de potencia, un cambio de contrato o alguna variación sustancial, entonces la empresa administradora podría negarse, exigiendo una reforma completa del actual sistema: sería un gran problema si no se hubiera evaluado y detectado durante la compra porque lo que aparentaba que era un simple detalle implicaba, traducido en pocas palabras, que muchas cosas debían ser cambiadas y restauradas:

- romper el suelo de toda la casa, para trazar los nuevos puntos de luz e interruptores

- pasar los cables eléctricos y cerrar el suelo

- cubrir el suelo con una nueva superficie porque el material no será el mismo que el del frente

- cambiar el panel eléctrico

- solicitar el cumplimiento del técnico especializado y por lo tanto aumentar la energía

Un buen argumento para aquellos que pensaban que habían comprado un apartamento con un hermoso piso y parecía que había poco que hacer. Traducido en cifras, estamos hablando de miles de euros y del tiempo que se necesita. Así que por consiguiente, el alto precio de esa casa, motivado por ese hermoso piso, que parecía todo en orden, es en realidad un sobreprecio, porque tendrá que ser modificado considerablemente para que sea funcional. De hecho, el cumplimiento debe estar firmado y garantizado y podría estar sujeto a control; así que o se cambia todo o no se cambia nada y estas son evaluaciones económicas que deben hacerse antes de una compra, porque de lo contrario la solución de muchos es el hágalo usted mismo (quizás cambiando sólo una parte y buscándose artimañas para el cumplimiento), o resignarse y molestarse cada vez que se va la luz, porque se le ha instalado mucho más equipo del que se diseñó para el sistema. Sin mencionar los costos de la gestión cuando uno va más allá de los márgenes. Muchos, incluso en un bonito apartamento, deciden optar por la división de dos habitaciones y preparar una cocina doble, luces dobles, todo doble: cuidado con lo que se paga por este tipo de vivienda, porque en este caso, si hay que mejorar el sistema eléctrico, que la vivienda está más o menos en buen estado en lugar de renovarla completamente, cambia muy poco, porque habrá que retocar casi todo; por lo que casi no vale la pena comprar algo "casi listo" y pagarlo por un precio evidentemente alto, si luego hay que intervenir para rehacer casi todo.

Con el sistema de agua puedes abaratarlo, incluso si se aplican los mismos principios. Las tuberías deben pasar según la norma del techo y deben ser de PVC (los típicos verdes que han sustituido a los típicos de color cobre antiguo), que ahora no son conformes, porque están sujetos a una fácil oxidación. " Pueden salir baratos" si se hacen muy bonitos, así que donde ya había un falso techo y luego se puede cortar eso y pasar los tubos por ahí: tiene costos de mano de obra elevados, pero al menos no excesivos para el pequeño material. O es bastante razonable, en caso de que el problema se resolviera cubriendo los tubos con marcos o canales. Claramente es bastante económico para quienes dejan las tuberías a la vista, pero estéticamente no es una solución que se pueda contemplar, a menos que se trate de un espacio comercial, donde se pueda jugar con el estilo comercial o una casa de estilo residencial urbano.

En cuanto a las instalaciones de televisión, Internet y teléfono, hay que señalar que son las cosas que más preocupan a los usuarios, mientras que en realidad son las más sencillas, menos costosas y rápidas de instalar, según la empresa elegida y con su propia asistencia, y honestamente hay algo más de lo que preocuparse como inversionistas que luchan con una remodelación; de hecho, una vez verificado que en la zona o en el edificio hay la señal telefónica/Internet deseada y la antena o parábola con la recepción digital o analógica deseada, con una llamada telefónica a la empresa de administración del servicio todo se resuelve.

Por lo tanto, cuando se conoce el estado real de estas partes técnicas y los eventuales problemas u opciones en el cambio de distribución de las divisiones internas de los distintos ambientes de la casa (no es un aspecto secundario saber cuáles son las paredes principales que no se pueden tocar y cuáles en cambio se pueden "mover": esta operación debe ser planificada y realizada por un profesional del sector según un nuevo diseño, respetando las leyes y las normas de construcción vigentes), entonces se puede decidir finalmente si se interviene con una reforma integral o con un retoque.

PASOS PARA UNA REMODELACIÓN COMPLETA
Ya hemos visto como el primer paso es absolutamente un análisis del estado de la propiedad, no según criterios estéticos, sino según las actualizaciones esperadas necesarias en un largo período para las instalaciones.

A continuación se exponen los pasos más significativos de una remodelación completa, cuyo orden no es de ninguna manera de segunda clase, porque muchas veces, quien no es experto en este sector, comienza por la mitad o por el final y luego debe volver a corregir o rehacer lo que se tenía que hacer de otra forma; no hace falta decir que al hacerlo se produce un enorme gasto en tiempo y dinero y a menudo se pone en peligro el trabajo anterior o el resultado final.

- **Compruebe la normativa vigente**: con la ayuda de un profesional, póngase en contacto con el municipio de residencia para solicitar los permisos necesarios para la modificación. A través del asesoramiento técnico, defina los criterios y normas y lo que se puede hacer (y lo que no se puede hacer), a nivel de ingeniería estructural y de plantas. Es absolutamente esencial, para no arriesgarse a cometer errores irreparables, trabajar con autorización y en paz y tener ideas claras también en cuanto a los costos y el proyecto. Se recomienda la inspección a todos los técnicos que deban trabajar: arquitecto, maestro de obras, electricista y fontanero.

- **Estudiar la nueva distribución de las habitaciones**: de forma compatible con el proyecto, definir primero dónde se encuentran los espacios técnicos del baño y la cocina, y luego concentrarse en las habitaciones principales como el salón o las terrazas o el espacio de ocio. Por último, comprobar cuidadosamente la ubicación y el tamaño de los dormitorios, luego repasar todo desde el principio y comprobar que hay una coherencia y un compromiso adecuado entre la belleza estética y la practicidad. Es necesario tener muy claro dónde ubicar los espacios vulnerables antes de empezar a trabajar, porque todas las instalaciones dependen de ello y, en efecto, darse cuenta tarde de un error puede ser imposible de resolver o muy costoso.

- **Demolición**: es la primera fase activa de la obra. Ya habremos estudiado si hay viejos muros que derribar o viejas instalaciones que abandonar. En esta fase es conveniente proteger o retirar los muebles y las piezas que se pretende salvar, para no dañarlos porque normalmente produce un polvillo realmente molesto a la hora de la limpieza y molestias por el trabajo de varias personas en el mismo ambiente. Es conveniente despejar la zona en la medida de lo posible para facilitar el trabajo y luego poder intervenir fácilmente en la retirada de puertas y accesorios o en la demolición de paredes, en la desmantelación de muebles que no interesan y en cualquier otra cosa. Si el piso es de madera, por ejemplo, es una de las cosas que se pueden salvar, protéjalo para evitar las marcas directas por el movimiento de los muebles o incluso no deseados, por el simple hecho de pasar con la posible existencia de pequeños desechos debajo de los zapatos. - Construcción de nuevas paredes: si se prevé, habrá la redistribución de la superficie con nuevas paredes que delimitarán el nuevo tamaño de las habitaciones. Según los usos, se pueden hacer con bloques, con madera o con la solución más económica y más utilizada para obtener el mejor resultado estético: el cartón-yeso, debidamente aislado.

- **Electricista y fontanero**: contactar con el electricista y el fontanero que, asistidos por un trabajador, tendrán que "cortar" las paredes y el suelo y luego canalizar sus tuberías. Ambos técnicos tendrán que preparar las instalaciones según la ley y según el proyecto, utilizando los materiales adecuados, y trazar sus instalaciones desde el punto de control hasta la central. El electricista tendrá que discutir cómo quiere acondicionar y equipar la casa para comprender la corriente necesaria y adaptar un cuadro eléctrico autorizado, haciendo luego las solicitudes correspondientes a la empresa de servicios públicos. El fontanero, en cambio, le preguntará cómo quiere instalar la calefacción de la casa (calentador) y también discutirá la ubicación de las llaves de seguridad del agua. Ambos propondrán los puntos ideales de agua y luz en los puntos más comunes, según su criterio, pero aquí también el usuario tendrá que dar su opinión según sus necesidades y el resultado será una mezcla de solicitudes, normas y consejos basados en la experiencia de otros trabajos anteriores. También se debe contactar con técnicos especializados, por ejemplo, el de los acondicionadores de aire para tener lista la maquinaria deseada.

- **Carpintero, instalador, embaldosador, yesero, carpintero**: llame a estos trabajadores especializados para que realicen trabajos que no puedan ser dañados, incluso si continúan trabajando en la casa. Barreras, escaleras, adornos, contra-techo, azulejos de baño y cocina, pisos pueden ser hechos sólo si no es una superficie delicada la que puede ser dañada, como por ejemplo la madera y superficies similares: en este caso se espera que casi todos hayan terminado y colocado, o alternativamente se coloque y se cubra para protegerla, pero con el riesgo de estropearla. De la misma manera, se pueden hacer los primeros acabados y detalles. Siempre hay que tener en cuenta que si se elige un llamado suelo flotante, que se superpone al suelo existente, esta instalación debe hacerse antes de la puesta en funcionamiento de las puertas porque la altura del suelo variará obviamente y, en consecuencia, también el tamaño de las nuevas puertas que se solicitarán en la asignación. Normalmente tendemos a dejar el cambio de puertas y ventanas para el final (pudiendo por razones de seguridad), para no correr el riesgo de arruinar los nuevos materiales debido al gran ir y venir de las personas y sobre todo el transporte y montaje de los nuevos muebles o de los muebles antiguos que han sido trasladados. Los accesorios y puertas y paredes se terminan con los relativos zócalos o decoraciones, que tienen la función de proteger los materiales y ocultar cualquier defecto de corte o instalación.

- **Pintor**: normalmente es el último en llegar y se encarga de arreglar todos los pequeños defectos y luego los cubre primero con blanco, y luego da personalidad a la casa con color. En teoría, debe pintar en blanco antes de que se monte el nuevo mobiliario y una vez montado dedicarse al color: esto facilitaría los tiempos y la tarea del pintor, pero si no fuera posible puede hacerlo todo más tarde. Lo que es aconsejable es no lanzar inmediatamente la petición de colores aleatorios: es aconsejable tener primero una "versión limpia" de la casa y luego proceder a colorear las paredes o las áreas específicas, de acuerdo con el mobiliario elegido y con las decoraciones y el estilo de la casa. Depende del gusto del propietario y de quien diseñó la casa dirigir al pintor en las elecciones cromáticas y en las áreas donde intervenir.

- **Muebles, luces, decoraciones**: por último encontramos la parte divertida, pero no en segundo plano, de embellecer la casa: muchas personas lo hacen a menudo "por casualidad" mezclando estilos, colores y materiales que no tienen ninguna consistencia y arruinando en el último momento algo que se pensaba y que tenía un costo elevado. Siempre consulta a un experto también en esta parte, porque puede darte nuevas ideas y sobre todo puede hacer que una casa normal y agradable, se convierta en una gran casa con carácter y personalidad únicos. Está claro que entonces, dependiendo de si se trata de una casa o de un alquiler a largo plazo o de una casa de vacaciones, los criterios de decoración serán muy diferentes unos de otros.

- **El exterior de la casa**: es el único elemento que puede ser independiente del resto y puede tener un valor no trascendental: es decir, puede ser reformado o no más tarde o en un espacio de tiempo diferente. Según las características técnicas de la casa, es necesario intervenir en los tejados, las fachadas, los jardines, las entradas, los espacios accesorios, las puertas, eventualmente en las instalaciones como los garajes y las piscinas. Es evidente que este tipo de intervención requiere "toda una consideración aparte" que no forma parte de los temas de este libro, sino que tiene mucho más que ver con la arquitectura. Sin embargo, es bueno tener en cuenta que es diferente cuando se habla de una casa unifamiliar en lugar de un edificio de apartamentos, porque obviamente en el primer caso todos los costos e intervenciones son responsabilidad de un solo propietario, mientras que en el segundo caso es la intervención de una comunidad de propietarios que deciden e intervienen proporcionalmente aportando capital a las partes comunes: saber que las partes comunes son normalmente responsabilidad de las comunidades (como las plazas de aparcamiento, la entrada, el ascensor, el patio interior, los tejados, los sistemas generales y centralizados de agua, electricidad y telecomunicaciones y todo lo exterior, incluidos los balcones, a menos que sean privados): la jurisdicción de la Comunidad termina donde comienza la propiedad privada, i. es decir, en la puerta de entrada, siempre respetando las leyes y los permisos también para la renovación del interior.

ESCENIFICACIÓN DE CASA

Hemos definido esta práctica como un " maquillaje ", un truco: en cierto sentido es una buena definición porque evoca algo mágico, es decir, algo que "con poco" ofrece cambios significativos y una apariencia completamente diferente del punto de origen.

En realidad este sistema de intervención en una casa es mucho más complejo y supone un arte, un sentido estético, una capacidad de organización funcional, un estudio y el conocimiento que un usuario no profesional apenas posee, ya que normalmente su atención se concentra en el resultado estético de manera casi total. En primer lugar, hay que hablar de los recursos económicos: no cabe duda de que realizar una modificación en un inmueble, ya sea para renovarlo completamente o para retocarlo, puede ser más o menos fácil según el presupuesto elaborado. Es muy fácil hacer una modificación cuando el presupuesto es ilimitado: se comprarían los mejores materiales y los mejores muebles del mercado y, por lo tanto, ya se podría realizar fácilmente la mitad de la obra. Sin embargo, a veces es necesario aceptar y adaptarse a presupuestos de riesgo, cuando ya no son suficientes, y es aquí donde un profesional del sector puede tener un engranaje extra: tendemos a pensar que es una persona extra a la que hay que pagar, pero "¿quién no pagaría a una persona que ahorra en materiales y proveedores, ofreciendo su experiencia para tener, además de un menor desembolso, un mejor resultado? Un profesional del escenario del hogar suele colaborar con algunos equipos diferentes de técnicos de confianza con los que repite más trabajos, y gracias a ello consigue tener mejores precios, y por su experiencia sabe dónde comprar ciertos materiales a menor precio o dónde y cómo conseguir los mejores descuentos. Además de ser capaz de reducir considerablemente los costos, posee habilidades e ideas innovadoras que mezcladas con las ideas del inversor pueden ser brillantes y producir resultados increíbles con casas que cambian totalmente de aspecto y soluciones inesperadas con una atención evidente a la facilidad de uso y a la optimización de espacios y detalles. No hace falta hablar del resultado estético que se puede obtener no sólo con los muebles, sino también mediante el uso de materiales en lugar de otros, el uso de colores en lugar de otros, el uso de luces y el uso de un sentido estético y práctico que se deriva de la experiencia y el estudio y la atención a los detalles. Es la parte más creativa de una casa, por lo que muchos inversores piensan en saltarse este paso, divertirse en el primer momento, usar el hazlo tú mismo, pero a menudo el resultado es monótono, estandarizado o poco práctico porque se presta atención a la estética. Y no para el uso. Un buen profesional del diseño de interiores puede mejorar una casa y aumentar su valor, o encontrar soluciones para limitar algunos defectos o transformarla totalmente con poca valoración para que adquiera un carácter o personalidad diferente al que tenía. En realidad, podría compararse con un estilista: a todos nos gusta vestir a cada uno a su estilo, pero esto no significa necesariamente que sepamos vestir bien. Si hablamos de sentirnos cómodos, entonces sólo se aplican criterios personales, pero cuando tenemos que vestirnos para un aniversario o un propósito hay criterios que a menudo se nos escapan. Al igual que un diseñador de moda, el profesional del diseño de interiores es el estilista del hogar: por lo tanto, según el destino-uso de esa inversión, tendrá que adaptar los espacios funcionales y estéticos para optimizar el uso que el inversor desea hacer.

Cuidado con un detalle: amueblar una casa de vacaciones o amueblar una casa particular no es lo mismo; hay necesidades absolutamente diferentes en cuanto a espacio, necesidades y funciones de un mismo mueble incluso: pensamos en un armario y sólo en las dimensiones sin entrar en la calidad. Por ejemplo, un turista no necesita más que un armario de dos puertas para dos maletas y un par de semanas de vacaciones, mientras que un residente probablemente tiene 2 armarios. No son detalles menores en los que pensar más tarde, sino que son cosas en las que se piensa durante la fase de diseño, si pensamos por ejemplo en el caso de los armarios empotrados o en el tamaño de una habitación, que de repente puede llegar a ser muy pequeña, cuando sólo recordamos al final que necesitamos un armario extra. Además del equipamiento, también hay una diferencia en la calidez o la personalidad o el estilo de la casa en la que se debe intervenir, porque siempre es diferente preparar un ambiente para alguien que se queda temporalmente o para alguien que debe vivir allí. El diseño, combinado con las luces y las atmósferas, debe ser acorde y seguir ciertos criterios de armonía, para dar el resultado deseado en términos de elegancia más bien de carácter rústico, o de modernidad más bien de carácter vintage, o de intimidad más bien de una habitación tipo loft. Este tipo de intervención puede actuar sobre los objetos accesorios, o el cambio de los muebles, o el cambio de los colores de las paredes. Debemos buscar un equilibrio de estilo y armonía entre los colores y los objetos y espacios: no hace falta decir que el hazlo tú mismo en estos casos puede ser contraproducente i

LAS INVERSIONES ESCALONADAS PARA ALQUILAR

Es bastante obvio que se administrarán más propiedades en volumen, y se podrán obtener más ingresos y así aumentar los beneficios. Es lo que se llama escalar un negocio: es decir, cuando se puede multiplicar un modelo de producción varias veces para obtener más ingresos.

En el sector inmobiliario, es un juego bastante arriesgado por un lado porque el capital invertido es considerable, tanto para la compra como para los impuestos, más que para las renovaciones. Es cierto, sin embargo, que por otra parte, una inversión inmobiliaria correcta es también un activo bastante seguro y sólido porque, por mucho que pueda perder valor en las peores condiciones, cuando está bien organizada y bien ubicada, nunca pasa por ciertas normas y con las fluctuaciones del tiempo y del mercado puede recuperar valor. Es cierto que cuando se cometen errores irrecuperables por inexperiencia, como comprar a precios desorbitados o fuera de la zona, entonces, el retorno de la inversión se complica. Cuando se compra por error una propiedad que tiene problemas claros y obvios de vecindario, estructura o mercado, claramente las cosas se complican aún más. Por eso, muchos compradores recurren a agencias inmobiliarias de renombre y a menudo eligen un agente inmobiliario de confianza. El propietario siempre está convencido de que su casa es la mejor y siempre tratará de venderla como un particular, destacando sólo sus puntos fuertes. A los compradores les encanta comprar con bienes raíces porque pueden entender el verdadero valor de una casa, porque querrán ver más de una (voluntaria o involuntariamente) (aunque traten de ocultarles alternativas, irían a verlas por sí mismos y perderían el contacto con el cliente, porque no están comprando una camisa que les gusta en 5 minutos y pueden decidir con los ojos cerrados por diversión!) Si piensas que en el sistema de ventas moderno, los compradores no pagan comisiones de agencia, es normal que elijan un mejor servicio que además no les cuesta nada. Por esta razón, muchas veces, la causa de la ralentización de la venta de una propiedad, para gran sorpresa, es el **propio dueño**, que no es un profesional del ramo, no puede expresar los mismos argumentos que un buen agente, no expresa la misma confianza al cliente comprador y obstaculiza el trabajo del agente inmobiliario con sus resistencias: a menudo como profesionales "se necesita más para obtener la cesión de venta de un propietario que para vender la casa". También porque, a veces, la adjudica sin embargo con exigencias desfavorables al mercado y, por lo tanto, hay que poner en práctica un proceso de mediación, antes que con el comprador, con él porque analiza el mercado con responsabilidad y conciencia y se da cuenta de la dinámica y los números correctos para llegar al resultado de la venta. No siempre es cierto que "quien invierte, invierte mejor", menos en este sector. Por lo tanto, para optimizar las ganancias, se debe reducir la inversión, lo que en esta realidad implica un enorme capital o una excelente relación con los bancos (lo que en todo caso significa tener un gran capital depositado como garantía). Si a través de esto, de otros movimientos creativos de financiación o de la captación de un grupo de inversores, es posible multiplicar la inversión y reproducirla sucesivamente, entonces se puede pensar en diferenciar el tipo de actividad (a medio y largo plazo) o la ubicación geográfica, o los tipos de viviendas (por tamaño o por uso o estilo).

En este caso, también nos protegeríamos de los cambios de las modas y de las fluctuaciones económicas exactamente como ocurre en la bolsa de valores cuando diversificamos y escalamos una inversión en acciones en mercados distintos con productos diferentes.

<"Hay todo un nuevo mercado después del COVID-19"> LV

Capítulo 3: Invertir en 2020 después del Coronavirus

CORONAVIRUS: COVID-19 COMO UN FACTOR DISCRIMINANTE EN LA ECONOMÍA.

No pasaré a hablarles del Coronavirus como tal, porque lamentablemente todos hemos vivido el período de esta pandemia mundial que ya nos ha afectado y que ha cambiado nuestras vidas, obligándonos a refugiarnos en la casa para escapar de ella, pero dejando de lado irremediablemente el impacto económico directo del sistema de varios países (afectando en consecuencia) directamente a toda la economía mundial. Todos sabemos ya dónde nació y cómo se extendió, conocemos el número de víctimas y las medidas limitadoras que tuvimos que tomar, pero aún no conocemos exactamente las cifras de los daños económicos: tal vez tengamos una idea personal, que varía de una empresa a otra, según lo que se facturó en 2019 y no se facturará en 2020, pero las consecuencias de todo esto no se limitarán sólo a 2020 y hoy en día es difícil estimar exactamente cuánto afectará a los años siguientes.

¿Te preguntas esta posibilidad? Tal vez alguien se ha engañado a sí mismo que con unos pocos meses de aislamiento todo esto pasaría y podría ser catalogado como un mal recuerdo para ser olvidado tan pronto como sea posible. Lamentablemente no será así y aunque sólo sean teorías, intentaré explicárselas de la forma más práctica posible, a través de ejemplos, para que cada uno pueda hacer sus propias preguntas. "Preguntas": sí, porque actualmente nadie es capaz de dar respuestas absolutas; sólo se pueden hacer suposiciones.

Lo que es seguro es que nada será igual que antes, porque el mundo actual se ha encontrado vulnerable a algo que ni siquiera Bin Laden y su organización terrorista habían llegado a hacer: en 2011, de hecho, los actos terroristas han hecho que el mundo se sienta más solidario y unido, fortaleciendo el deseo de unirse y colaborar para superar lo que ha sido un vil atentado. Era casi como si el terrorismo hubiera sido derrotado, aparte de por el ejército de los Estados Unidos, por sí mismo, ya que había logrado la unión bajo la bandera de las Naciones Unidas, con un sentido y un deseo de libertad y pro-positividad inimaginables: los seguidores de los terroristas se habían asustado, pero ciertamente no habían bloqueado el mundo: el mundo, en cambio, lo bloqueó covid 19 nueve años después.

De hecho, este extraño virus, subestimado por todos, se ha ocultado durante meses, disfrazándose con extraños episodios clasificados entonces como simple "neumonía" en los peores casos o extendiéndose entre los asintomáticos. No se le conocía, por lo que nadie le temía, y al principio se posicionó estratégicamente, para luego aparecer oficialmente en China y más tarde en Alemania con el paciente o en Europa; pero no oficialmente ya estaba en todo el mundo, probablemente a partir del segundo semestre de 2019, astuto, silencioso. Luego, cuando la "burbuja" explotó y los números colapsaron, se le dio nombre y apellido a este extraño enemigo, y entonces comenzó el miedo, sobre todo porque descubrimos que no podíamos enfrentarlo, ni desde el punto de vista médico (sin vacuna), ni estábamos preparados con las condiciones y números para enfrentarlo desde el punto de vista de la emergencia sanitaria, con los diversos sistemas nacionales sobrecargados en pocas semanas.

Esta vez el enemigo había dado en el blanco: no sólo las víctimas directas, sino todas las consecuencias: el miedo fuera de la puerta principal. Para demostrar la debilidad de toda una nación, incluso de muchos países. Y sobre todo para separarse, ya que era una de las pocas guerras en las que los pueblos, tras alcanzar la estabilidad, se sentían más divididos que nunca: las distintas naciones no reaccionaron de manera uniforme, sino que en forma de gotas, implementaron políticas muy diferentes en cuanto a tiempo y reacciones. Hubo solidaridad y es cierto, pero tarde y en la mayoría de los casos poco efectiva. La gente se ha limitado a encerrarse asustada (y sin comprender) en sus casas, sin siquiera llegar a abrazar a menudo a un miembro de la familia. Fue una de las pocas guerras que se dividieron "antes, durante y después", también porque "amarse en ese momento dolía", es decir, había que separarse y distanciarse para mantenerse a salvo: cualquier contacto podía ser arriesgado. Meses de esta catástrofe psicológica y mediática que cambiará para siempre la forma en que percibimos la vida. Lamentablemente, los que seguramente constituirán el principal legado no serán las buenas intenciones, fáciles de olvidar en unos pocos meses, sino las consecuencias económicas y sociales de la cosa.

LA CARTA DEL COBRE-19 A LAS FUTURAS GENERACIONES

Quiero traer una carta de una persona anónima, que fue publicada en la red, durante la crisis sanitaria y que es muy significativa desde el punto de vista humano; pero también es importante desde el punto de vista estratégico para poder comprender lo que sucederá en los meses y años venideros; en esta carta el virus nos escribió en primera persona sólo para dar su versión de los hechos:

"Hola, soy covid-19, muchos de ustedes me conocerán más simplemente como el coronavirus; disculpen el corto plazo, pero no se me ha dado la oportunidad de hacerles saber cuándo llegaré, en qué forma y con qué fuerza me presentaré ante ustedes. ¿Por qué estoy aquí? Bueno, digamos por qué estaba cansado de verlos retroceder en lugar de evolucionar, estaba cansado de verlos destruirse continuamente con sus manos, estaba cansado de cómo tratan al planeta, de cómo se relacionan entre ustedes; estaba cansado de sus abusos, de las guerras, de sus conflictos interpersonales, de sus prejuicios; estaba cansado de su envidia social, de su codicia, de su hipocresía, de su egoísmo; estaba cansado del poco tiempo del poco tiempo que se dedican a ustedes mismos, a sus familias: Estaba cansado de las pocas atenciones para con sus hijos; estaba cansado de la importancia que dan a las cosas superfluas a expensas de las esenciales; estaba cansado de su búsqueda frenética y obsesiva del vestido más bello, del último modelo de smartphone, de la máquina más bella que se ha hecho para aparecer; estaba cansado de sus traiciones; estaba cansado de demasiada desinformación, del poco tiempo que dedican a la comunicación entre ustedes. Estaba muy cansado de vuestras constantes quejas cuando no hacéis nada para mejorar vuestras vidas. Lo sé, seré duro con vosotros, quizás demasiado, pero no me fijo en alguien: soy un virus. Y el mensaje que quiero dar es simple: Quería poner de manifiesto todos las limitaciones de la sociedad en la que vives, para que puedas erradicarlas; quería detener todo para que comprendas de ahora en adelante, que lo único que importa, a lo que tendrás que dirigir todas tus energías de ahora en adelante es simplemente "la vida"; la tuya y la de tus hijos, y lo estrictamente necesario para protegerla, mimarla y compartirla. Los he querido encerrar y aislar lo más posible en sus casas, lejos de sus padres, de sus abuelos, de sus hijos o de sus nietos, porque entienden lo importante que es un abrazo, un contacto humano, un diálogo, un apretón de manos, un paseo por el centro, una cena en algún restaurante o una carrera en el parque al aire libre: todo debe partir de estos gestos. Todos ustedes son iguales! No hagan ninguna distinción entre ustedes. Estoy de paso, pero los sentimientos de cercanía y colaboración que he intentado crear entre vosotros en muy poco tiempo tendrán que durar para siempre. Vivan sus vidas de la manera más simple posible: caminen lentamente, respiren, hagan el bien. Disfruten de la naturaleza, hagan lo que más les satisfaga y creen las condiciones para no tener que depender de nada más. Cuando lo celebréis, me habré ido, pero recuerden que no deben intentar ser mejores personas sólo en mi presencia. Me despido".

Esta carta es muy hermosa, y llena de significados y enseñanzas: personalmente lo único que no comparto es el pasaje donde dice que esta experiencia nos ha unido, porque en el párrafo anterior sólo dije lo contrario, y también porque sería una "visión o esperanza", pero en realidad ya hemos visto en los hechos que no es así. Tal vez el deseo y el propósito que tenemos es estar más cerca, más cerca, pero dejemos de soñar y abramos los ojos, porque lamentablemente después de todo esto la gente también tendrá buenos sentimientos, pero sin duda tendrá miedo.

Y la economía sufrirá muchísimo a causa de esto, con efectos financieros inmediatos y directos indirectos en los próximos años, cambiando la percepción social y los hábitos de la gente y por lo tanto de los inversores.

Por lo tanto, el esfuerzo que haremos en esta parte de nuestro camino es tratar de formular hipótesis sobre lo que podrían ser los escenarios de inversión posteriores a la crisis de los 19, tanto en el ámbito inmobiliario residencial como en el "comercial", sobre la base de la experiencia vivida en las crisis económicas anteriores y sobre la base de los primeros indicios de mercado de los que tenemos percepción.

COMO CAMBIARÁ EL MERCADO INMOBILIARIO A PARTIR DEL 2020

A finales de 2019 iba a grabar mis videos recurrentes de actualizaciones sobre la situación del mercado inmobiliario en mi área de competencia, y con mucha antelación resalté lo mucho que las previsiones del año siguiente habrían sido claramente alarmantes, al predecir y anticipar una crisis inmobiliaria a finales de 2020: probablemente, me equivoqué, pero sólo por ser optimista, no pude saber del virus que inevitablemente no hizo más que anticipar los pasos que de todas formas se habrían dado por otros motivos: el ya mencionado Brexit, la crisis de los operadores turísticos, el nuevo protagonismo de Oriente Medio y la inflación de las casas de vacaciones. Esperaba, pues, la aproximación de una crisis económica (y de un reflejo inmobiliario) que llevaría a la devaluación de las propiedades en el plazo de un año, y en primer lugar de aquellas menos posicionadas o distintivas. Lo bien que todos entendemos por ahora, este proceso ya está en curso y todo va muy rápido. La peculiaridad de esta crisis es que habrá pasado de un final del año 2019, con precios muy altos, a un principio de 2020 con precios en fuerte caída: todo en pocos meses y sin previo aviso. Esto en el ámbito residencial, donde sin embargo habrá diferencias para propiedades muy singulares o para zonas particularmente interesantes; probablemente será una catástrofe para las actividades comerciales, de las cuales una buena parte ya tuvo que tomar decisiones drásticas, como "cerrar" o vender, tal vez a un precio muy devaluado, a toda prisa. En el futuro, habrá probablemente una especie de selección natural, en la que aquellos que no tengan una cierta profesionalidad o fuerza económica están destinados a desaparecer del mercado.

En cierto sentido, no todo lo malo viene a perjudicar porque esto, a la larga, conducirá a una mayor calidad media y a una menor "inflación", pero durante este cambio siempre hay alguien digno que, por desgracia, no puede "ponerse de pie". ("Y alguien que es menos merecedor que con los medios) o la solidez económica resiste y por lo tanto hace frente a los mejores". La importancia del tema será, pues, muy pronto la de la liquidez. ¿Cómo se refleja esto en las inversiones? La consecuencia más evidente es la caída de los precios de venta, pero también hay que tener en cuenta que los precios también bajan porque hay menos gente con la oportunidad de comprar. En realidad, el mercado volverá a ser un mercado de "compradores" (es decir, en el que el comprador lleva a cabo las negociaciones), porque ya hay muchos inversores que se organizaban y no se movían, esperando el cambio favorable del mercado para comprar, cuando los precios eran más accesibles.

En los últimos años, por cierto, ha habido una arrogancia bastante generalizada por parte de los propietarios a la hora de fijar los precios de sus propiedades, y el buen inversor ha dejado de comprar, "dejando comprar" sólo a los particulares, que tienen intereses personales, en lugar de necesidades contingentes, y ciertamente no pueden esperar años para que cambie un ciclo comercial. Así que pensar que no hay compradores es un error, pero ahora el tipo de comprador cambiará: sin embargo, hay que tener cuidado de no dejarse engañar por el "mito del inversor". Muchas veces hemos escuchado opiniones de vendedores que definían sus propiedades o negocios como "perfectos para un inversor", a menudo apoyados sólo por su deseo o interés personal de creer en esto. Inversionista no significa "tonto", al contrario. El inversor experimentado, por ejemplo, es la antítesis exacta del propietario desde el principio, es decir, a través de su comunicación, que "todo es inferior, en realidad, al valor que se le asigna". Así que por un lado el propietario tiene tendencia a aumentar; por otro, el inversor agresivo tiene tendencia a demostrar que vale mucho menos en el mercado.

¿Cómo pueden los propietarios esperar en vano que los inversores sean los salvadores de la patria? La realidad es que son profesionales de la inversión y no están acostumbrados a comprar en el mercado.

"A veces me han ofrecido encargos de marketing, para edificios antiguos, a un precio que en este ejemplo definimos como 100. El objetivo que según el propietario debería haber encontrado era "un inversor", porque un particular no podía permitirse ese despilfarro": lo primero que se hace en estos casos es buscar en la agenda los 5 primeros números de los inversores más importantes de la ciudad y empezar a llamar. Lamentablemente, a menudo la respuesta es "Gracias, pero no me interesa, porque estoy vendiendo "el nuevo a 110", y por lo tanto cuesta demasiado. De hecho, compraría lo que me ofreces, en un precio entre 50-60 porque quizás valga 70. Así que teniendo en cuenta todos los gastos, a este precio que propones no es nada rentable". Es bastante obvio que me niego, cualesquiera que sean las comisiones de este tipo, justo después de haber informado al propietario de las respuestas de este tipo (y habiendo visto que su reacción es absurda: "entonces tratemos de bajarlo a 95". "Pero si es 70?!"). Espero que quede claro que para este tipo de propietario, el inversionista nunca será un recurso, así como esta propiedad nunca será comprada por un inversionista (y probablemente en estas condiciones ni siquiera por un particular), porque está fuera del mercado.

Así pues, planteo un escenario muy complejo, en el que será absolutamente necesario un cambio de mentalidad por parte de los propietarios y una responsabilidad por parte de los compradores: los primeros tendrán necesariamente que adaptarse al mercado, a menos que decidan y puedan permitirse esperar un nuevo ciclo económico dentro de unos años, y los segundos no tendrán que "tirar demasiado de la cuerda" y presentar ofertas absurdas. A partir del equilibrio de las dos posiciones, el sistema inmobiliario volverá a girar y a producir, y sorprendentemente podría ser uno de los primeros en recuperarse, al menos en la zona residencial de ciertas áreas geográficas. Por lo tanto, todo depende de la mentalidad y del equilibrio entre la oferta y la demanda: cuanto más rápido se adapte al nuevo mercado, más rápido volverán las transacciones.

CAMBIOS SOCIALES Y ECONÓMICOS
Si bien es cierto que, en principio, no se espera una parálisis del sistema inmobiliario, sino simplemente un cambio, también es muy cierto que se producirá un cambio radical en los usos y costumbres de las personas y el consiguiente desplazamiento económico de la abundancia por sectores.

Como hemos aprendido en la carta escrita por covid-19, esta experiencia cambiará ciertos sistemas y formas de pensar, y sobre todo se referirá al espíritu empresarial y a la forma de pensar sobre la vida de las empresas. Tal vez la verdadera función del virus, al final, será la de llevarnos realmente al siglo XXI, porque hasta ahora todo había permanecido exactamente igual que en el siglo XX, con una lenta e inevitable extinción de productos y servicios en general.

¿Es esta la ocasión para una verdadera revolución económico-industrial?

Los primeros efectos de esta experiencia se han visto en el comercio y los servicios. Habiendo sido las primeras actividades bloqueadas por los decretos restrictivos, cerraron las tiendas físicas y organizaron o reforzaron un comercio en línea ya existente. Obviamente, los bares, por ejemplo, no pueden prepararnos un cóctel en línea, ni ofrecernos agregación y diversión; pero aparte de estos casos, pensemos en la comercialización de ropa, artículos para el hogar, productos en general y productos alimenticios en sí mismos (muchas personas han comenzado a solicitar más servicio de supermercado a domicilio por temor a salir a comprar de primera mano): antes sólo un pequeño nicho utilizaba estos servicios en línea en este sentido, pero con un confinamiento limitado, durante meses, se han acostumbrado cada vez más a buscar un producto en Internet y a solicitarlo para su envío. En este sentido, es posible pensar que empresas de este tipo, para el futuro, fortalecerán aún más esta rama, y esto también podría cambiar la lógica de las tiendas, que siempre han funcionado hasta ayer. Es bastante obvio y evidente que por lo tanto habrá muchos cambios desde el punto de vista organizativo y social, porque la gente se acostumbrará a diferentes cosas para satisfacer sus necesidades, y de esto el mercado tendrá absolutamente todo en mente. En el mercado inmobiliario, por lo tanto, las valoraciones cambiarán, ciertamente también las estrategias en el campo comercial, que determinarán nuevas reglas: no más que nunca será necesario mirar hacia el futuro, porque se juega otro tipo de juego.

MERCADO RESIDENCIAL: LO QUE CAMBIA
La propiedad siempre ha tenido un valor intrínseco bastante importante y claro desde los primeros tiempos. Recuerden que en

el viejo oeste, cuando las colonias y los pueblos iban en busca de suerte. No hablo de una búsqueda especulativa y aleatoria de dinero, sino de una forma más sólida y segura de inversión o "tierra". Este ejemplo significa cuán efímeras son las inversiones seguras e incluso arriesgadas, a pesar de otras que son absolutamente siempre funcionales y con baja probabilidad de riesgo: "una casa siempre es una casa, vale mucho o bien pierde valor, siempre valdrá algo", y al mantener la propiedad puede ser utilizada para diferentes usos:

- USO PERSONAL: tenemos en cuenta que todo el mundo necesita una casa, usada para residir y vivir. La casa puede ser "propiedad" o "alquiler a largo plazo".

Una valoración interesante es que paradójicamente podríamos decir que en Europa, o en los Estados Unidos, "hay más casas que familias": si no tenemos en cuenta las zonas preferentes y otras zonas discriminatorias y variables, y sólo miramos los números sin importancia, no habría necesidad de propiedades o inmuebles, ya que todo el mundo tiene más de un techo disponible. Sin embargo, ¡las casas se siguen fabricando y comercializando! El punto principal es que para las necesidades laborales, familiares, sociales o económicas las circunstancias de la vida cambian y por lo tanto se pone en marcha un círculo para el cual las personas se mueven continuamente de una propiedad a otra según las circunstancias": hasta este punto la necesidad se hace predominante y se puede decir con seguridad que "todo el mundo necesita una casa eventualmente": este es el principio que mueve el mundo inmobiliario, nacido para resolver las necesidades de las personas que necesitan constantemente un cambio.

En este caso, el escenario se mantendrá casi constante incluso hoy en día, porque todo el mundo seguirá necesitando "un techo"; sin embargo, puede haber una redefinición después de Covid-19.

Muchas personas, que antes tenían compromisos o deudas o problemas económicos, es probable que hayan empeorado su situación: es lógico pensar que si son propietarios, están pensando en vender, luego alquilar una casa y atribuirla a su primera residencia. Del mismo modo, los que estaban alquilando y tenían problemas podían pensar en mudarse a zonas o a una propiedad más barata. En ambos casos habrá voluntades y predisposiciones a los "movimientos" de tipo inmobiliario.

- USO RENTABLE: siguiendo el razonamiento anterior, los propietarios, que en cambio pueden permitirse contar con importantes ahorros y liquidez, aprovechando las oportunidades del momento, han adquirido y están adquiriendo más de un inmueble y si en ocasiones éste se utiliza como segunda residencia (de disfrute) o para llevar a cabo su actividad comercial o industrial, en otros casos la finalidad es invertir para alquilar a un tercero. En el caso del alquiler, por lo tanto, podemos decir que la propiedad fue comprada con el fin de producir capital. Estos capitales serían "ingresos procedentes de arrendamientos a largo, medio o corto plazo, según las políticas adoptadas por el propietario". Al definir el largo plazo como "tipología estable", el mediano plazo como "innovación", interesante de vigilar, y el corto plazo como "especulativo" y siguiendo las tendencias, podemos suponer que en el post Coronavirus continuará y se recomendará "l "alquiler a largo plazo", para compensar las necesidades de uso personal, como siempre ha sido en todas las épocas y en todas las crisis; Me gustaría poner un signo de interrogación sobre el "alquiler a medio plazo" o de temporada, porque también y sobre todo seguirá las lógicas de migración y las necesidades de trabajo, que todavía no están bien definidas después de la crisis; en cualquier caso, me atrevería a aconsejar, porque es por lo menos seguro que se trata de un tipo de inversión con poca competencia, y por lo tanto potencialmente rentable. En cambio, yo daría por corto plazo o al menos inflado y destinado a un pequeño grupo de inversores fuertes, la renta de "corto plazo" o para el turismo. Pocos realmente fuertes y organizados, con posiciones de primer orden permanecerán en el mercado, pero la gran mayoría y sobre todo los propietarios de inmuebles "comunes y anónimos", están destinados a vender o convertir este modelo de negocio a otro, porque estaba en decadencia mucho antes de Covid-19: ahora todo esto llevará irremediablemente a la ruptura del modelo, al menos a gran escala: ¿cree usted que es una previsión catastrófica? Intentemos pensar en la propiedad definida como "para uso personal", que siempre ha perdurado a lo largo del tiempo: el secreto de esta durabilidad es que es necesaria. ¿Es necesaria la "casa de vacaciones"? ¿O es más bien un bien superfluo?

En 2020, las pérdidas directas de la crisis económica se calcularán en una cifra superior al 30%, porque ha habido una " paralización global " y la gente no ha podido moverse o ir a trabajar. Todo el mundo está súper convencido de que después de este período de "castidad impuesta", vendrá un período de gastos exagerados en viajes y fiestas, para compensar las deficiencias que han sufrido en el período anterior.

Estan equivocados: no están lidiando con los nuevos hábitos que la gente ha desarrollado, y con el miedo a lo que ha pasado o a lo que todavía puede pasar. En resumen, aunque habrá habido grandes sábados de fiestas y celebraciones exageradas, el resto de los fines de semana nunca serán similares a los anteriores, al menos en un corto período, a pesar de toda la intención y el deseo de libertad. Inconscientemente la gente permanecerá condicionada y dividida durante mucho tiempo, suspendida entre "la memoria y el deseo de salir", y esto generará incertidumbre. Los mercados de valores serán muy cautelosos: esto significa que también lo serán los inversionistas en los diversos ámbitos; a menos que se produzcan oportunidades particularmente ventajosas, éstos no se moverán, mientras que serán muy ágiles si se coloca en el mercado un producto que esté absolutamente en sintonía con el valor correcto y actual. Volviendo entonces a la charla sobre el arrendamiento a corto plazo, ¿cuántos inversores cree que dejarán ese mercado y cuántos querrán entrar en él en su lugar? Partiendo del punto de vista de que, incluso antes, había una saturación absoluta de ese tipo de mercado, es bastante obvio pensar que con una demanda fraccionada y ahora superreducida por los acontecimientos, este modelo de negocio ya no está destinado a nadie como hasta hace unos años. De hecho, después de una primera compulsividad, la gente no estará tan inclinada a mudarse y a dedicar sus ahorros a las vacaciones como antes, porque han descubierto que tienen otras necesidades y prioridades. No hay que olvidar que, al no poder trabajar, tanto los empresarios como los empleados dispondrán de menos recursos, por lo que se espera una menor circulación turística que en años anteriores. Algunos inversores sin experiencia pueden objetar diciendo que dado el escenario "no todos los turistas querrán ir a un hotel costoso" y optarán por acudir a la " residencia en una una casa compartida, tal vez con servicios comunes, y situada en un lugar no privilegiado" : responderé diciendo que un inversor debe tener una visión global de 360 grados y no sólo fijarse en su necesidad personal: el turismo no es sólo la estancia, sino también los gastos de viaje y de alimentación (para una persona independiente es incluso la ganancia obtenida). No podemos subestimar el contexto general de la recesión y pensar que no afecta a las "casas vacacionales". Además, también podríamos añadir que un "modelo escalar de casas de vacaciones", por ejemplo el de las grandes empresas que alquilan grandes complejos turísticos o los operadores turísticos que alquilan hoteles enteros (o parte de ellos a precios ventajosos), pueden ofrecer más servicios en este momento, precios mucho más competitivos que antes, porque querrán recuperar su cuota de mercado. Competir con los que tienen los mayores medios económicos, calidad y posición, podría ser realmente algo absolutamente insensato. Por esta razón, personalmente siento que es totalmente contrario a la entrada en el mercado de un inversionista novato en este campo, y en este momento histórico, porque este juego se ha transformado para unos pocos agentes expertos.

- SIN USO: Te sorprenderé hablando de esta categoría porque es muy interesante. "¿Quién te dice que todas las propiedades cumplen alguna función?". Sólo pueden existir como resultado de circunstancias no planificadas y ser completamente superfluas o incluso molestas (si pensamos que deben ser mantenidas pagando impuestos y mantenimiento para poseerlas, sin quizás hacer uso de ellas). Hablamos de inversiones equivocadas, por ejemplo, nunca terminadas o inconclusas, por lo que ni siquiera están en condiciones de ser alquiladas, o también hablamos de las propiedades heredadas: las covid 19 o la vida en general, dejan rastros en el año 2020 de muchas muertes; muchas de estas personas eran propietarios y por lo tanto sus herederos podían ser nuevos propietarios (y pasar de la condición de alquiler a la de tener una primera vivienda) o simplemente podían heredar propiedades en forma inesperada de las que no saben objetivamente qué hacer con ellas. Estas propiedades serán verdaderas **oportunidades de mercado**, en muchos casos porque, una vez superada la barrera emocional, si se hacen cuidadosas evaluaciones comerciales, habrá una buena motivación de venta y, por lo tanto, precios acordes con el mercado: en estas condiciones, muchos posibles inversores querrán ganarlas por razones personales o de inversión. Es difícil, lamentablemente, aún cuando a veces sucede, pensar que las buenas propiedades permanecen sin uso para deteriorarse inevitablemente con el paso del tiempo: un propietario inteligente tendrá que pensar cómo utilizar ese capital antes de que se devalúe, porque el tiempo lo deteriora sin remedio.

EL MERCADO COMERCIAL: LO QUE CAMBIARÁ

En este campo reina la incertidumbre total, porque todavía no se ha medido la magnitud de lo ocurrido. Ya hemos mencionado anteriormente una especie de selección espontánea, en la que sobrevivirán los mejores o los que tengan más recursos financieros, y también una especie de cambio en la disposición de ciertos puntos de venta y, por consiguiente, del tipo de propiedad: si, por ejemplo, se hiciera extensiva la selección y la entrega automatizada de las compras en los supermercados, es razonable pensar que los pequeños comercios sufrirían el ultimo impacto fatal, y que las empresas de alimentación se sumergirían en enormes almacenes y depósitos, organizando entregas al estilo del Amazonas, en lugar de tener como objetivo la gestión de tiendas costosas situadas en lugares estratégicos.

La selección natural y el cambio de concepto están en marcha, por lo que los efectos de estos cambios aún no pueden predecirse. Sin embargo, también hemos mencionado un sector antiguo y costoso, que sin embargo no puede expresarse con las tecnologías actuales y no puede realizarse en forma virtual, porque tiene que ver con la agregación y la producción de "algo que se hace en el momento"; si se piensa en ello, es realmente lo único que no puede tener una versión virtual correspondiente. De hecho, aunque no sea lo mismo, en condiciones extremas se puede ver un partido de fútbol virtualmente, o pedir cualquier producto y servicio, o hacer reuniones y tener amigos e incluso una novia virtual: pero nunca "irás al bar virtualmente". El sector de la alimentación y las bebidas no es un tipo de comercio que pueda ser replicado en forma virtual. Por lo tanto, si por un lado la tienda clásica corre el riesgo de desaparecer debido a los cambios sociales o de hábitos que asumirían las personas, los restaurantes, los bares y los hoteles, como "vendedores de agregación y emociones" y un producto que sólo puede ser utilizado de forma tridimensional "en vivo", continuarán su existencia, aunque experimentando una importante inflexión de los números por las razones ya explicadas. Sin embargo, también habrá aquí un importante cambio en los vendedores que, debido al cambio en los hábitos de los clientes o a las cuentas que ya no son favorables, decidirán vender, creando importantes oportunidades de mercado, en posiciones o situaciones que hasta hace algún tiempo eran impensables. Los verdaderos "tiburones" (inversionistas expertos), deben estar listos ahora con su capital para posicionarse y aprovechar estas oportunidades de mercado.

Pero, ¿cuál es la identidad de este tipo de inversores?

Es absolutamente un perfil de gran experiencia y riqueza, porque lo primero que quedará claro es que no empezará a ganar a corto plazo, sino que se trata de una inversión a lo largo del tiempo: sólo está comprando una buena posición a un precio muy ventajoso, pero es muy probable que si quiere montar una actividad hoy, tendrá dificultades como todo el mundo, a menos que vuelva a recurrir a los recursos económicos para construir y posicionar una actividad como líder del mercado. ¿El inversor principiante entonces? Alguien de este otro grupo seguramente se moverá igualmente, incluso en condiciones desfavorables, y probablemente se quemará, especialmente si no tiene habilidades específicas en el negocio y reservas económicas para hacer frente a los tiempos de recesión. Todos los ciclos económicos ofrecen oportunidades de mercado: el tema es "saber leer la partitura de antemano" y moverse en consecuencia.

¿Y SI MAÑANA HUBIERA UN NUEVO " CORONAVIRUS"?

Estamos describiendo escenarios e intentando dar sentido a las suposiciones, pero si por un lado es legítimo pensar que en un período razonable volvemos a la normalidad (o mejor dicho, encontramos un nuevo equilibrio y una nueva realidad), por otro lado es válido preguntarse si mañana un nuevo enemigo invisible, puede llegar desde alguna tierra lejana, y obligarnos a empezar de nuevo con los mismos problemas encontrados con este desastre, o incluso con otros nuevos riesgos. Para responder a esto debemos mirar a la historia: lo que sucedió después de las grandes guerras o las grandes depresiones financieras y económicas internacionales.

Como empresarios, no podemos detenernos (y nunca nos detuvimos en ningún momento de la historia), a pesar de los acontecimientos, siempre nos hemos adaptado y es normal pensar que en términos de inversiones, después de un primer período prudencial, volvemos a expresar un volumen normal y fisiológico, que permite que la economía vuelva a funcionar correctamente. Si alguna vez la tendencia es en otro sentido: "No es que yo empiece a invertir, y en 10 años estoy en plena guerra bacteriológica que de hecho pone mi inversión al límite? (y en consecuencia era mejor no invertir)". No se conoce el rumbo del futuro, pero es evidente que se trata de una posibilidad que podría volver a presentarse y que deberá ser tomada en cuenta. Pero también debemos utilizar algunas herramientas disponibles como la historia y las estadísticas para ver que en cien años "sólo" se ha producido la segunda pandemia, y que si realmente queremos hablar de catástrofes, seguramente la Segunda Guerra Mundial fue otro tipo de evento, mucho más perjudicial en todos los sentidos. Una hipotética guerra nuclear, por ejemplo, lo sería aún más, y en ese caso tal vez el problema económico sería sólo el último de una larga lista. Si se piensa condicionado por el temor a lo que pueda suceder en el futuro, es bastante obvio que todo el sistema se paraliza y que nadie emprende ninguna actividad. Pero un empresario, por definición, es una persona que se mueve, que utiliza recursos y medios, para organizarlos con un propósito. Emprender significa "siempre arriesgar", también y continuamente se busca el sistema de invertir de la manera más rentable con el menor riesgo posible. Tomando todas las medidas necesarias, ¿es estadísticamente más factible que una catástrofe siga a otra o que un inversor principiante haga una inversión equivocada? Hay inversiones equivocadas en el mundo cada 20 segundos, es decir, personas que de manera imprudente hacen un mal uso de los medios a su disposición y en lugar de producir beneficios, producen pérdidas. La inversión no disminuirá como resultado de esta crisis, sino que simplemente cambiará como ya hemos analizado. Si en el futuro ocurriera algo similar, una cosa es cierta: se espera que, sobre la base de esta experiencia, todos estén más preparados la próxima vez y sepan qué hacer, porque la gran ventaja que ha tenido este fenómeno ha sido atrapar a todos por sorpresa y sin preparación: nadie sabía absolutamente "qué hacer", desde los pequeños a los grandes hasta los jefes de Estado. La dificultad y la crisis económica también se derivan de una difícil capacidad de reacción ante algo inédito que obligó a todos a comportarse y a defenderse incluso de manera inédita. En caso de que se repita, la esperanza para las instituciones es que estén preparadas y recuerden las enseñanzas de esta crisis, y para las personas que no se dejan abatir porque "es en tiempos de crisis cuando se producen grandes historias y grandes oportunidades". Seguramente todo esto nos ha desestabilizado, desmovilizándonos de una cierta zona de confort, que después de 1945 siempre había sido bastante regular en sus diversas oscilaciones. Pero a veces salir de la zona de confort permite avanzar y crecer y, sin duda, habrá inversores y empresarios capaces de crecer y crecer en los próximos años. El crecimiento es algo inherente y natural en el hombre. La evolución ha demostrado que, a pesar de los errores cometidos y los grandes desastres, siempre ha logrado avanzar. Sería sorprendente que hubiera una regresión después de todo esto: puede haber una crisis, un declive, pero no volveremos a la "edad de piedra", a menos que lo irremediable suceda realmente y la profecía de la famosa película de ciencia ficción "el planeta de los simios": es un clásico, pero para los que no lo saben "es la historia de la regresión del hombre a un estado casi primitivo después de una guerra nuclear o, en cualquier caso, un escenario catastrófico": pocas especies animales habían sobrevivido y las evoluciones y valores en el campo habían cambiado, tanto que los hombres, privados de su tecnología, se habían mantenido firmes en una condición prácticamente medieval, y los simios habían evolucionado lo suficiente como para alcanzar y casi superar al hombre.

La película de Hollywood termina con el protagonista, que, escapando de las garras de los monos, va en la búsqueda de su identidad perdida y de los recuerdos que había olvidado: termina encontrándose en el viejo mundo que conocía, más allá de la zona prohibida, donde, sin embargo, "no encuentra nada más que escombros y desolación; comprende y recuerda que una vez formó parte de una gran raza humana, que ahora es mediocre y lo ha perdido todo". Termina la película con el protagonista de rodillas y derrotado".

Este escenario de ciencia ficción, resultado de un hipotético conflicto nuclear o bacteriológico, por el momento vamos a dejarlo en manos del cine y la ciencia ficción.

En el mundo que conocemos, el sistema económico se recuperará, reformándose con nuevas reglas y equilibrios a lo largo del tiempo. El inversionista principiante tendrá que aprender a moverse entre las pautas y adaptarse especialmente a los cambios: Yo diría que esta será la mejor característica que debe tener; antes la flexibilidad era muy importante, pero ahora se convertirá en algo imprescindible. La flexibilidad y la adaptabilidad, como características fundamentales en el campo de las inversiones residenciales y comerciales. Por otra parte, las empresas líderes del sector han seguido el ejemplo y el camino, incluso durante la crisis de la covid-19: pensemos en los que tuvieron que cerrar sus producciones, porque los productos no eran de primera necesidad"; ¿cuántos (abiertos o no) han visto disminuir su producción directa o indirectamente? Pero pensemos en cómo reaccionaron, poniendo como ejemplo a las más renombradas empresas de moda y textiles: el mundo no estaba preparado para el virus de la Corona y había absoluta ausencia o insuficiencia de las famosas máscaras: muchos industriales textiles, ante la imposibilidad de continuar con una producción normal de sus productos, han convertido su oferta en la producción de este artículo (o de artículos relacionados como la ropa y los guantes), resultando productivos también en este período de tiempo y quizás en el futuro, habiendo posiblemente allanado el camino como pioneros de nuevos productos y líneas, dada la conciencia que se derivará para todos, tras esta experiencia. Es un ejemplo apropiado de flexibilidad y es una de las cosas más importantes en un período de cambio.

Por lo tanto, mi principal consejo para un inversor principiante es que no se desanime, aunque ahora se vea obligado a empezar en condiciones económicas consideradas desfavorables, porque podrían abrir nuevas oportunidades en comparación con el pasado, y se dice que no podemos aprovechar el tiempo para aplicar una política de futuro y poner en práctica una estrategia ganadora a largo plazo.

"Lo importante no es cómo y cuándo te caes, porque en un camino empresarial se da por sentado que esto sucede", ¡pero es esencial ver cómo te levantas! Sobre todo, hay que decir que "quien ha caído y se ha levantado ha adquirido una experiencia y una madurez adicionales en comparación con un principiante", por lo tanto está totalmente dentro de la lógica del crecimiento natural y fisiológico. Por eso no hay que tener miedo a invertir, y hay que planificar el proyecto empresarial con detalle y creer firmemente en las ideas, porque cuando algo está bien montado, a la larga surgen cualidades personales y profesionales.

Por otro lado, cuando un negocio se basa en la improvisación, en la falta de profesionalidad, en políticas a corto plazo o muy riesgosas, las consecuencias pueden ser desastrosas en cualquier momento o en función de las condiciones del mercado: por lo tanto, el inversor novato que utilizará una política de "hágalo usted mismo", si tiene los medios, el tiempo y las reservas para " arreglárselas solo", se preparará para pagar (de su propio bolsillo) una formación muy costosa, basada en los errores y en el aprendizaje de los mismos (lo que se denomina el típico aprendizaje " A fuerza de golpes"), Si por el contrario busca un camino más seguro, ocúpese de montar proyectos sensatos y confíe en profesionales del sector, de los que podrá aprender los secretos y de los que recibirá asistencia.

Por otro lado, invertir es un arte que se aprende, como cualquier área de la vida y de los negocios, con la experiencia del tiempo y los profesores adecuados, y además de la variable sin control que llamamos suerte, no es en absoluto algo accesible a todo el mundo sin distinción y que puede dejarse al azar.

<"Las casas hermosas tiene un costo que es asumido, pero al final siempre valen la pena"> LV

Capítulo 4: La clasificación e identificación de las mejores propiedades de inversión

A continuación haremos una lista de la tipología de las casas más atractivas, también apoyada por algunos ejemplos visuales. No todas las propiedades son de hecho las mismas y también se diferencian estructuralmente en algunas características muy peculiares e importantes, independientemente del mobiliario o de todo lo que tengan en su interior. En cambio, destacan por sus características arquitectónicas o de ubicación que no se modifican y que determinan su condición de "diferentes"; incluso "privilegiadas", porque probablemente tiene características únicas que las diferencian y no es tan fácil encontrar un modelo similar en el mercado. Pensemos por ejemplo en una gran ciudad: todos sabemos perfectamente que por lo general es muy difícil estacionar, por lo que las áreas de estacionamiento tienen un gran valor comercial. Por lo tanto, es evidente, por el razonamiento aplicado, que las propiedades con "plaza de aparcamiento" tienen un valor añadido importante, que no es sólo el valor en sí mismo del garaje, sino más bien un valor adicional de mayor "satisfacción y evaluación", que un cliente potencial puede atribuirle. En este caso concreto, por ejemplo, hay una regla muy importante: no vender nunca el garaje separado, y en cualquier caso nunca venderlo antes que la casa: esto es porque la propiedad perdería popularidad, y tendría menos público potencial dispuesto a comprarla. Por lo tanto, es razonable pensar que una casa con un garaje en la ciudad tiene un precio más alto que otra que no lo tiene disponible; ¡en realidad el valor potencial seguirá siendo mucho más alto! Una mala noticia para todos los inversionistas que han comprado casas vacacionales (normalmente desairan el tema del garaje porque piensan que para un turista no es tan importante). Ahora que este tipo de inversión tendrá que convertirse, apostando a la fuerza, hacia períodos más largos, seguramente estas propiedades tendrán un arma menos (por lo tanto, menos valor), porque está claro que quienes viven durante un largo período en una ciudad tienen necesidades muy diferentes y podrían considerar muy importante el "tema del garaje", como el "tema del ascensor", por ejemplo, para el que se aplica la misma consideración.

Entonces, ¿cuáles son las propiedades más interesantes y buscadas desde el punto de vista inmobiliario?

Dando por sentado que en el año 2020 todos estamos acostumbrados a las comodidades y por lo tanto nos gustan las cosas bellas, una de las características comunes que debe tener una buena inversión hoy en día, debe ser la presencia esencial del ascensor: quien tiene la disponibilidad de invertir lo quiere absolutamente, porque sabe que la casa tiene un valor más alto, y quien contrae una hipoteca también lo quiere definitivamente, porque "ya teniendo que pagar una cuota todos los meses durante muchos años, suele trabajar por algo de cierto valor".

Contrariamente a la creencia popular, los jóvenes son cada vez más mimados y si vienen a comprar sólo quieren cosas bonitas! Las personas mayores, por razones obvias, tienden a evitar las propiedades que no las tienen.

¿Así que todas las casas sin ascensor que se siguen vendiendo?

En los últimos años, con el auge de las casas de vacaciones, la gente compró sin pensar mucho en el tema del ascensor, porque quería comprar la propiedad más barata del mercado, prepararla y alquilarla a un típico turista, que probablemente "sólo estaba a una semana de distancia y no se habría quejado demasiado por la ausencia de ascensor y garaje": al hacerlo se ahorraría aproximadamente 40-50000 euros, por ejemplo, es decir, "el costo adicional de un apartamento en la misma zona, que está equipado con estas características".

En un mercado de locura, incluso este mal hábito estaba bien, pero ¿cuánto valdrán estas propiedades en un par de años, con todos los cambios " en el umbral" que ya hemos comentado? No todas las propiedades tienen el mismo valor, y comprar bien significa en primer lugar no cometer ningún error de evaluación, sobre todo en la fase de arquitectura y ubicación porque son dos factores absolutamente no modificables y por lo tanto errores difíciles de corregir.

Los inmuebles más atractivos, que se destinarán al alquiler, son muy similares a los mejores inmuebles que se buscan para su uso como vivienda principal y, por lo tanto, deben ser seleccionados según criterios de calidad media-alta y con una lógica a largo plazo. Las tipologías de las propiedades preferidas coinciden, por tanto, y son:

1) **Áticos de la ciudad:** siempre han sido una de las propiedades con carácter exclusivo dada la habitual característica de ser el último piso y quizás permitir vistas, además de una luminosidad e independencia diferente a la de un apartamento normal. Es bastante común que también tengan espacios exclusivos, como una terraza exterior por ejemplo. Siempre en el centro de las grandes ciudades donde sólo hay grandes edificios y no hay espacios para encontrar casas unifamiliares, representan un símbolo de estatus, entre las propiedades más buscadas. Normalmente si tienen una terraza con vistas, los áticos (obviamente con un ajuste en la valoración económica) cuyo edificio no tiene ascensor o plaza de aparcamiento, son indiscriminadamente válidos, por lo que son exclusivos y difíciles de encontrar en el mercado. En cuanto al tema del alquiler, es bastante obvio que este tipo de propiedad permite que se pida a un inquilino un alquiler más alto, en comparación con un apartamento común.

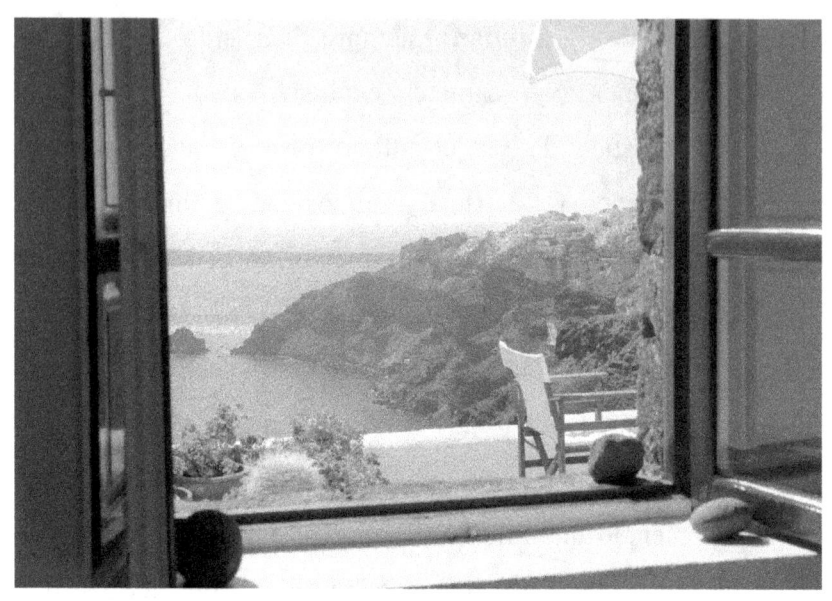

2) **CASA - APARTAMENTO CON VISTAS:** hay todo un mercado de élite donde hay gente dispuesta a comprar o alquilar casas en posiciones privilegiadas, sean éstas por ejemplo una vista al mar, una vista panorámica a la montaña o una vista al aire libre en el centro. Todas las situaciones que tienen un cierto nivel de privilegio y por lo tanto no son fáciles de encontrar: este tipo de propiedad es notoriamente muy costosa durante la fase de compra y por esta razón, antes de pensar en hacer este tipo de inversión para alquilar, hay que tener las ideas muy claras: será necesario establecer términos puntuales para un mercado muy particular y por supuesto hacer cálculos muy precisos para entender qué tipo de ingresos puede generar una casa de este tipo y a qué precios de alquiler.

3) **EL ÁREA PRIVILEGIADA DEL CHALET**: como resultado de lo que se acaba de decir, si en el centro de la ciudad por casualidad hay una casa o un chalet independiente, se trata ciertamente de "bienes excepcionales". Este tipo de casa es más común de encontrar fuera de la ciudad, donde los espacios no son "ascendentes", sino que se desarrollan por extensión. En las afueras o en los alrededores de la ciudad, a menudo hay una zona residencial de casas adosadas o chalets. Es evidente que su valor varía ciertamente con respecto al tamaño y la forma, pero también y sobre todo en función de la ubicación. "La " monedita de oro " se encuentra a menudo lejos de las otras piedras". En cuanto a los alquileres, al ser propiedades muy caras, no son muchos los que se utilizan para este uso: por lo tanto, generalmente hay una gran demanda para alquilar este tipo de casas, debido a la presencia de una escasa oferta.

4) **Apartamento grande con garaje**: es el clásico apartamento familiar en la ciudad, y por lo tanto destinado al uso de alquiler a largo plazo. Precisamente la definición de "familia" se refiere a la necesidad de las familias de que este tipo de viviendas tenga características esenciales, como ascensor y garaje. Otras características favorables pero complementarias son un buen tamaño y tal vez la posibilidad de tener una gran sala de estar y más baños. Obviamente, se espera que tengan varios dormitorios, posiblemente de un buen tamaño y con " vistas" tanto como sea posible hacia el exterior. Si por casualidad son apartamentos de esquina, con múltiples ventanas, normalmente tienen mayor valor porque son más atractivos y solicitados.

5) AMPLIO APARTAMENTO CON TERRAZA: comenzamos a definir la diferencia entre terraza y balcón: la terraza es un espacio relativamente grande, donde se pueden colocar muebles y utilizar un espacio aéreo abierto; a menudo está cubierto o cerrado, parcial o totalmente, con estructuras de madera o aluminio, pero en cualquier caso no pierde su esencia de espacio separado, luminoso y amplio, conservando grandes ventanas. El balcón, en cambio, lo definiría como una "vista", es decir, un espacio relativamente más pequeño donde se puede mirar hacia afuera, para mirar una vista o para " fumarse ese clásico cigarrillo". Está bastante claro cuál es la opción más importante desde el punto de vista económico, aunque tengamos que señalar grandes intereses en casas "con simples balcones" hacia otras que ni siquiera tienen esta posibilidad. De hecho, en las grandes ciudades, en función de las normas urbanísticas, hay que tener en cuenta que las casas de este tipo valen aún más y son " bienes poco comunes", dadas las numerosas restricciones urbanísticas que a veces prohíben el diseño con balcones, limitándolo sólo a los pisos superiores (sin embargo) los costos de un ático ya hemos dicho que pueden ser prohibitivos para la mayoría de los inversores: por esta razón los apartamentos, incluso anticuados, pero bien situados, con una bonita terraza o balcón, son verdaderas "minas de oro", porque, independientemente de su estado en el interior, (pensando también que el interior puede ser remodelado al gusto del inversor), el tipo con balcón es muy buscado porque es muy difícil de encontrar en general.

6) Apartamento bien localizado en la ciudad: cuando se dice que una propiedad es como "un cheque sin fondos"... Este tipo de vivienda, si está bien ubicada y libre de defectos, siempre será excelente, tiene costos relativamente bajos para comprar y siempre se alquilará. No debe ser demasiado pequeña y debe tener un dormitorio separado. Si no tiene esta separación, se define como un "estudio", es decir, un pequeño "apartamento", donde la única habitación de la casa que está separada del resto, es el baño. La importancia de tener un dormitorio separado del resto queda clara, porque sobre todo en este ejemplo se observa cuánto la elección de una u otra situación perjudica al posible beneficiario del alquiler: los estudios pueden atraer a un soltero por la facilidad de mantenimiento que tienen y porque tal vez el estilo de vida está en consonancia con pasar tiempo fuera de casa. También pueden apelar a los estudiantes o a las personas que se desplazan temporalmente por motivos de trabajo; pero si se observa que todas las condiciones mencionadas son "provisionales" y por lo tanto generarán un tipo de clientela "de paso". Un apartamento, con uno o dos dormitorios, es en cambio una inversión claramente más costosa, pero también más estable, destinada a un tipo de inquilino que se queda más tiempo en el tiempo.

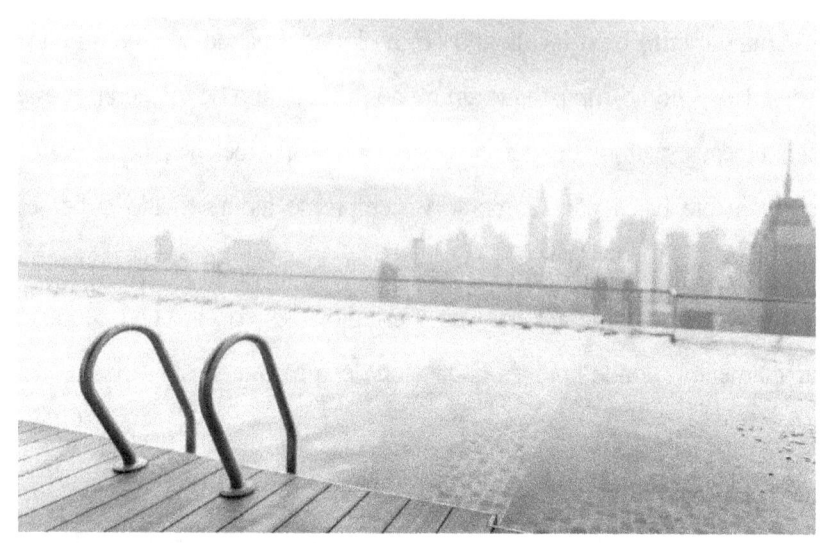

6) **Apartamento de ciudad con piscina u otros beneficios**: siempre destinado a un público particular, incluso los apartamentos con piscina o gimnasio, los jardines u otros beneficios no son demasiado comunes, donde siempre hay un sentido de exclusividad, aunque a menudo estas áreas son de uso común. Hay que señalar que los gastos de compra normalmente no varían, pero los gastos de gestión varían totalmente, porque al tener que administrar las áreas comunes del condominio, obviamente al final del mes el propietario debe pagar su propia cuota destinada a este tipo de gastos. Por supuesto, este factor se refleja en el precio del alquiler para un posible inquilino, que seguirá siendo el usuario de estas opciones.

7) **Apartamento citadino " de batalla ":** de manera similar a la existencia de un mercado de élite, existe un mercado de "inquilinos con pocos recursos", que sólo pueden pagar alquileres bajos. En este caso es normal entender que generalmente no tienen muchas necesidades estructurales o de ubicación. El criterio selectivo de este tipo de inmuebles es el presupuesto, por lo que es razonable pensar que hay inversores interesados en "comprar propiedades de bajo costo para alquilarlas a bajo precio" a este perfil de inquilinos: aquí por ejemplo todas las propiedades "sin garaje y sin ascensor", porque evidentemente los que tienen menos medios económicos también tienen más capacidad de adaptación y son conscientes de que están pagando un precio reducido con un servicio mínimo.

8) **DE SUBURBIOS**: El mercado de propiedades urbanas en los suburbios, o en las aldeas, tiene un valor importante: especialmente en las zonas vecinas de la ciudad, porque quien no quiere vivir en un edificio de apartamentos, o quiere y necesita vivir en un espacio más grande, encuentra su ubicación ideal. Estas propiedades destacan y anulan totalmente los conceptos expresados hasta ahora, porque funcionan exactamente al contrario de lo que es su valoración: en los suburbios hay más espacios y se supone que el precio por metro cuadrado normalmente baja. Así que hay una tendencia a encontrar "el mismo precio para un apartamento en la ciudad de 100 metros, y para un chalet suburbano de 200 metros". En los suburbios, por lo tanto, el valor del apartamento situado en un edificio de apartamentos disminuye, con respecto a la ciudad, porque es más frecuente encontrar casas auténticas, incluso de alquiler. Normalmente la casa suburbana tiene un garaje y una terraza, y de hecho, donde estas características no existen, podemos hablar de reducir el valor potencial. Lo que es muy importante y a menudo determina el verdadero valor de la propiedad de este tipo es la ubicación y la facilidad de las conexiones por carretera, y la posición privilegiada (o no), con vistas panorámicas o un entorno discreto.

9) CASA DE CAMPO CON TERRENO: "no se entiende cuánta demanda hay de "casas de campo", hasta que no se empieza a comercializar la venta". En resumen, a todo el mundo le gustan, pero es un tipo igualmente difícil de colocar en el mercado. En efecto, mucho interés está a menudo relacionado con la intención, no sólo de cultivar la tierra (que es el uso natural donde suele haber una regulación bastante flexible), sino con la intención habitual de utilizarlos para las actividades más diversas, desde la creación de un parque recreativo, pasando por la explotación agrícola hasta un hotel. Sin embargo, en muchos casos la ley es limitante en este sentido y, por lo tanto, antes de aventurarse a tal compra, es bueno estar bien informado de las actividades permitidas o no. En todo caso, para un alquiler a plazo largo clásico no suele haber ningún tipo de problema, y lo mismo ocurre con el alquiler del terreno para fines agrícolas, una vez deducidas las participaciones impuestas por los distintos municipios.

<"¡No importa si tomas las mejores fotos o videos si nadie los ve!"> LV

APRENDE A ESCOGER

EL MEJOR PROFESIONAL PARA TUS INVERSIONES

Como un agente top va a convertirte en :

un top empresario que triunfa con su actividad de hosteleria

LUCAS V

<La cafetería es uno de los ejemplos más poderosos, extendidos y explicitos de las actividades comerciales realizadas en propiedades comerciales medianas y pequeñas>

LV

Capítulo 1: Alimentos y bebidas de negocios y entretenimiento

QUÉ ES UNA ACTIVIDAD COMERCIAL

Hemos hablado durante nuestro tema de la parte de bienes raíces comerciales especialmente desde el punto de vista de la inversión en la propiedad, pero hay una parte, no secundaria adjunta a esta rama, que se ocupa más específicamente de lo que se puede hacer dentro de estas propiedades, es decir, las actividades comerciales. Las actividades comerciales son prácticamente "el inquilino que paga el alquiler de las propiedades comerciales", es decir, las empresas que gestionan el contenido dentro de una propiedad.

En esta tipología, entre las actividades más conocidas se encuentran sin duda los bares, restaurantes, hoteles y lugares de entretenimiento. Están entre las actividades de " mediana y pequeña empresa": por ejemplo, en áreas más grandes podemos encontrar supermercados / hipermercados o, en tamaños más pequeños, podemos pensar en un estudio profesional o en la típica tienda de venta al por menor. Hablando de tamaño, me refiero ahora mismo a la extensión media en metros que puede contemplar una actividad de esos sectores: en cambio el "tamaño" a nivel de empresa o la generación de flujos monetarios es diferente:

En ese caso la extensión no siempre es indicativa ya que intervienen otro tipo de factores que nos explican si una actividad puede ser más o menos rentable y por lo tanto definen su tamaño en términos económicos. El inversor más común, y en todo caso una buena parte del mercado para quienes hacen negocios en actividades comerciales, suele dirigir su atención hacia el sector de la restauración, o "food & beverage" y del entretenimiento, que es el más comercial. Y muy extendido: probablemente el más importante de todos los ejercicios. En nuestro análisis, aproximándonos por defecto, nos centraremos más en este tipo de sector, aunque las reglas generales que luego esbozaremos se aplican a menudo un poco a todos los negocios sin distinción.

QUIÉN ES EL INDIVIDUO QUE DESARROLLA UNA ACTIVIDAD COMERCIAL

Normalmente hay dos temas cuando se trata de propiedades comerciales: primero el dueño de la propiedad, que dependiendo de la importancia de la inversión puede ser un pequeño comerciante de alguna tienda, en lugar de un magnate con un potencial considerable o empresas profesionales que se ocupan de la construcción o de las inversiones comerciales. El segundo tema que aparece, que es un poco el protagonista de esta parte del libro, es el inquilino, que puede ser, igualmente, un pequeño comerciante, más que un acaudalado restaurador con varios puntos de venta (pensemos en las franquicias), hasta las grandes empresas o magnates que gestionan grandes cadenas hoteleras y supermercados, por ejemplo. Hemos hablado de dos temas, resumiendo, propietario del inmueble y arrendatario, porque sobre todo en los pequeños negocios los dos lugares son casi siempre distintos. Sin embargo, muchas veces coinciden, ya sea porque el gerente del negocio ha "crecido tanto" que ha podido comprar el inmueble donde realiza la misma (o en muchos casos varios inmuebles para replicar y escalar su modelo de negocio), o, mirándolo desde otro punto de vista, porque "las grandes empresas han pensado (además de construir) en delegar: una parte de su capital y de sus recursos humanos en este caso se dedicará exclusivamente a la gestión y administración directa de sus empresas, en los mismos inmuebles que poseen". En estos casos, obviamente, no estamos Ya se habla de dos temas, pero el tema es prácticamente el mismo y económica y financieramente tiene un sentido lógico de fácil intuición: por un lado, reducir los costos, porque si lo miramos por el lado de los negocios, es completamente distinto pasar de pagar un alquiler (disponible), a pagar la cuota de una hipoteca, por ejemplo, para comprar una casa propia. Así que visto desde el lado de la empresa, el paso de comprar una propiedad para llevarla a cabo es casi siempre positivo, cuando la posición es abiertamente favorable, porque "aligera el balance" repartido en varios años con la depreciación y un sentido completo, es decir, la adecuación del círculo, a la vida empresarial. Visto en cambio desde el punto de vista del magnate que, por ejemplo, construye un gran hotel (y luego, en lugar de confiarlo a un inquilino en la gestión, decide crear su propio directorio para administrarlo personalmente), es una elección que perfila la intención de no basar su inversión en una perspectiva pasiva (cobrar el alquiler sin hacer ninguna otra acción), sino de tomar el camino de una nueva inversión sobre la inversión y asumir el riesgo de crear su propio negocio: si es rentable, evidentemente se beneficiará del volumen de negocio generado. En este último caso, es evidente que es necesario tener una fuerza económica considerable para asumir un doble riesgo o un compromiso económico tan exigente; también es necesario contar con competencias muy arraigadas en el entorno de la empresa que se va a organizar, porque el éxito de toda la inversión global depende del resultado. De hecho, si la actividad no fuera rentable, no sólo se produciría una pérdida de ingresos (por alquileres pasivos), sino que habría muchos otros problemas en el balance: en ese caso la única salida sería recurrir a la gestión de un tercero que realizara la misma actividad de forma rentable, y que permitiera al magnate volver a tener ingresos positivos, a través del mero alquiler de la propiedad. En el mejor de los casos, también existe la hipótesis de que <<el pez gordo se encuentra con uno aún más grande >> que quiere comprar tanto el negocio como la propiedad. Si por el contrario, ninguna de las dos hipótesis de la estrategia de salida descrita anteriormente se produce, nuestro magnate comenzaría a tener problemas económicos importantes.

QUÉ ES LO QUE LLEGA A GENERAR UNA ACTIVIDAD COMERCIAL
Como empresario, puedo decirle con seguridad que crear una empresa es una de las cosas más arriesgadas de todas, entre todas las categorías empresariales, porque implica desembolsos

importantes, implica conocimientos avanzados, requiere la asistencia de profesionales y empleados. Además, es necesario adivinar, el lugar, el momento y el sistema adecuado para vencer a la competencia, entre otras muchas cosas; y para hacer más difícil la situación, un empresario puede hacerlo perfectamente, pero la posibilidad de "extrañas coyunturas astrales" permanece, por lo que las cosas no funcionan igual y fallan, o funcionan, pero no dan los resultados deseados y por lo tanto son insuficientes para amortizar la "inversión". Efectivamente, porque se trata de una inversión: invertir tiempo, dinero y recursos en una empresa: si todo va bien, se amortizan los gastos, se pagan los salarios y los honorarios y queda al final del año un capital; la finalidad de todo ello es prácticamente pagar los gastos y tener unas ganancias mínimas, que aumentan durante el valor de esa marca u organización (para luego revenderla y tener más ganancias).

¿Pero qué pasa si las cosas van mal? Si en el 2020 por ejemplo nos vemos obligados a cerrar nuestra empresa 3 meses por el Covid-19? ¿Seguirá siendo rentable el negocio que una vez fue rentable o sobrevivirá? El virus fue algo perjudicial para la economía, pero la economía prospera con altibajos, crisis inmobiliarias, crisis financieras, crisis de cualquier tipo. Se llaman riesgos y un inversor debe tener en cuenta que existen: nadie podría imaginar una pandemia mundial que realmente frenara o bloqueara la economía de cientos de países en el mundo. Pero ha llegado, así como las guerras pasadas y futuras, y muchos otros desastres, pero las actividades económicas siempre han seguido existiendo, porque hay personas muy emprendedoras que calculan todo, incluso que las cosas pueden salir mal, y por lo tanto saben que <<hoy se gana y mañana se pierde >>, como en un largo campeonato de fútbol, donde tal vez un equipo comienza menos favorecido, pero luego vuelve y gana. Y si no gana tendrá otra oportunidad de experimentar otra aventura, otro campeonato.

Así que la cuestión es hacer las cosas a medida, bien planeadas y, sobre todo, no hacerlas al azar, como la mayoría de las personas que, cuando están cansadas de hacer un determinado trabajo, de repente un día se despiertan y con toda la ingenuidad, se convencen de que son los grandes chefs por ejemplo, o los mayores inversores del planeta en cualquier campo comercial: Invierten todos sus ahorros en actividades irregulares y a menudo se encuentran con falta de liquidez", porque "un empresario no se inventa" de hoy para mañana: son sólo intentos precipitados, y sin ninguna lógica y destinados a un fracaso, para un ojo experto que los reconoce de antemano sólo por la forma en que se establecen.

LO QUE NECESITAS SABER PARA ESTABLECER UN NUEVO NEGOCIO

- Sigo insistiendo en que el primer requisito necesario es saber de qué se trata: en el curso de mi actividad profesional veo demasiadas empresas pequeñas o autónomas que funcionan en circunstancias fortuitas o con una organización realmente muy deficiente. Esta forma de hacer, además de ser un bien perdido en términos de ahorro, resulta ser un bumerán que afectará a sus vidas, a su autoestima y, por supuesto, a sus ahorros, porque la empresa tiene excelentes posibilidades de " derrumbarse ". Absolutamente, el primer requisito es, desde luego, ser un experto en el negocio que va a montar, y ciertamente un entusiasta y amante de ese mundo, hasta conocer sus facetas más detalladas. El segundo requisito indispensable es tener el ahorro o la liquidez para emprender; cosa muy importante a marcar como regla básica << si una empresa requiere una inversión de 100, conseguir 150 o 200 >>, porque "las reservas podrían ser necesarias en períodos negativos, en las fluctuaciones del mercado, en acontecimientos inesperados, utilizándolas para mantenerla flotando". De lo contrario, existe la posibilidad de llegar a perderlo todo. Es una locura comprar un activo que tiene un costo igual al capital disponible: significaría que estás yendo más allá de tus posibilidades.

A continuación enumeramos todos los demás requisitos necesarios:

- **-Revisa las regulaciones actuales**: . << con la ayuda de un profesional, contacte con el municipio de residencia para solicitar los permisos necesarios para la actividad a realizar. A través de la consultoría técnica, definir los criterios y normas y lo que se puede hacer (y lo que no), a nivel de ingeniería estructural y de plantas. Es absolutamente esencial, para no arriesgarse a cometer errores irreparables, trabajar con autorización y en paz "y tener las ideas claras también en cuanto a los costos y el proyecto".

- **Licencias:** adquirir las licencias principales y accesorias necesarias para llevar a cabo una actividad regular. Cuando se trabaja sin licencia o sin límite, puede ser rentable a corto plazo, pero aparte de cometer una infracción, no será en absoluto rentable a largo plazo, y menos aún en la fase de reventa. Hay que hacer una distinción en lo que respecta a las licencias: si volvemos a la restauración por un momento como ejemplo, hay diferencias obvias entre tener una licencia de bar, restaurante o discoteca por ejemplo, o un hotel. Para cada zona hay indicaciones generales e incluso municipales, sobre la base de que el empresario tendrá que cumplir con los requisitos, para que se conceda la licencia. Y luego, más en el aspecto técnico, hay limitaciones de categoría o de seguridad que determinan la "bondad" de un trato. No sólo eso, según el tipo, cambian los días y las horas de apertura, sino también la posibilidad de ofrecer un servicio en lugar de otro y también en detalle la conformación de la actividad comercial, que debe adaptarse a las normas según la afluencia de personas, la ubicación y el tipo de servicio a realizar. Profundizaremos en este tema cuando hablemos técnicamente de cómo preparar o renovar un espacio comercial.

- **- Saber cómo:** como dice la palabra es "el arte de saber hacerlo": es algo que, o bien se sabe por qué se es experto en esa profesión (y se han adquirido las habilidades adecuadas), o bien se debe comprar y tiene costes. Conjuntamente con la licencia y el fondo de comercio, es uno de los principales discriminantes que determinan el valor de una actividad.

El ejemplo más fácil de entender es la receta de la mejor pizza o el mejor helado. Todo el mundo hace pizzas y helados. Pero, ¿alguna vez te has preguntado <<por qué toda la ciudad va a verter en esos dos lugares habituales, y nadie va a los otros 50? >> La respuesta es <<porque tienen la mejor receta para ese producto, y de todos modos la que más gusta del mercado>>. Así que ese " Conocimiento" tiene un valor y pueden mantenerlo en **absoluto secreto (y** seguir dominando la competencia) o pueden venderlo enseñando a terceros a hacer lo mismo.

- **Fondo comercial:** lo mencionamos, así que lo explicamos en detalle. En realidad, no es necesario iniciar un nuevo negocio, pero es esencial crearlo durante la vida de la empresa. Hablamos en pocas palabras del volumen de negocios, o más bien de " los verdaderos clientes que tienen un negocio ": traducido en números, del volumen de ingresos líquidos que estos clientes producen. El fondo comercial puede ser real (representado por el balance y el volumen de negocio expresado en un año natural), o puede ser potencial, es decir, la capacidad de la empresa para expandirse y mejorar. No hace falta decir que el fondo comercial real se paga (e inclusive se salda a veces) cuando se perfecciona la compra de un negocio, mientras que el potencial es << como un gran par de zapatos que se usan sólo para una boda >>: sabes que está ahí, sabes que vale la pena, pero nunca sabrás si puedes usarlo. Es razonable pensar que se pueden adquirir nuevos clientes, pero también se puede plantear la posibilidad de que los anteriores se pierdan si no se trabaja correctamente.

Una vez estudiados estos aspectos prioritarios, lo que se necesita para crear una empresa depende de la actividad que se quiera llevar a cabo: algunos requerirán maquinaria y equipo técnico, otros también necesitarán mobiliario y todos los aspectos que tengan que ver con la fachada "al público". Por supuesto, durante la evaluación de una actividad son un punto importante y con una particularidad: casi nunca se desvalorizan (al menos en sentido estricto de la maquinaria y el equipo técnico) y la razón es que pueden ser desmontados o trasladados y utilizados en otro almacén. y, por lo tanto, también se pueden vender por separado a empresas similares.

Los aspectos a tener en cuenta serán entonces la estrategia de invertir tiempo y recursos para aumentar el valor de una marca o nombre comercial: si la empresa es de reciente creación tendrá que construir una imagen y una reputación en su sector de competencia: si en cambio se trata de una venta de actividades, la marca pasa a formar parte de la negociación, con la evidente atribución de un determinado valor a cuantificar. No olvidemos que, para iniciar un negocio, si no somos propietarios de la propiedad, tendremos que encontrar un contrato de alquiler con el vendedor. Se hará sobre una base de varios años para dar al empresario la oportunidad de amortizar los costos, y si tiene una empresa sólida, el beneficio será mutuo, porque el propietario garantizará así una renta vitalicia, que puede ser gastada incluso durante la fase de financiación. de otra iniciativa de construcción, y obviamente el inversor tendrá tiempo para devolver su capital y generar un beneficio.

QUÉ ES LO QUE HACE QUE UNA ACTIVIDAD GANE

<< Posición, posición, posición >>: hay que repetirlo hasta cansarse, sobre todo porque por una lógica de precios equivocada, muchas veces se intenta ahorrar a costa de lo fundamental, socavando la inversión desde la base.

Un lugar importante ocupa entonces la imagen, es decir, la marca y el atractivo de la tienda desde el punto de vista estratégico y estético (trataremos ampliamente este tema en el segundo apéndice).

Aquí resumimos los tres pilares fundamentales de una empresa:

- **Producto:** no hay actividad rentable sin un producto fuerte que pueda superar a la competencia, ya sea un producto físico (como la fabricación de helados) o una actividad emocional (como las comedias). El producto debe tener siempre la mejor relación calidad-precio y seguir las leyes de la oferta y la demanda según el lugar donde se realice. La banalidad de un producto, la escasez en términos de calidad o el precio fuera de la lógica del mercado pueden por sí solos hundir a cualquier empresa, por lo que en la fase de planificación son estrategias muy importantes que deben definirse en un plan a largo plazo.
- **Servicio:** podemos ofrecer el mejor producto del mundo, y además tenemos poca competencia, pero si hay una falta de servicio, podría afectar a las ventas. Para optimizar y expresar de la mejor manera posible el potencial de una empresa, hay que tener una fuerte capacidad de organización y poner todas las piezas en su lugar. Hay que saber manejar el personal, en número y en calidad, para replicar mejor el producto de forma gradual y sistemática. Así pues, no sólo hay que ser capaz de expresar una producción única, sino de repetirla, utilizando personas y medios para generar números duraderos en el tiempo, mediante normas de calidad eficaces y satisfactorias, que sean capaces de mejorar aún más el producto en sí.
- **Planificación:** es posible tener el mejor producto y el mejor servicio, pero si uno "se duerme en los laureles", otras personas pueden superar este modelo y convertirse en

importantes y serios competidores hasta el punto de superar incluso a quienes tuvieron ideas maravillosas. La durabilidad de la empresa a lo largo del tiempo es una de las cosas más importantes de todos los tiempos: hay que aplicar políticas a corto plazo, destinadas a adquirir liquidez, pero sobre todo hay que pensar "a largo plazo": cuando hay gastos importantes de dinero, de hecho, hay una amortización a largo plazo que hay que tener siempre presente y, antes de empezar a obtener ganancias netas, hay que ser capaz de durar el mayor tiempo posible, sobre todo para cubrir los gastos de inversión. Esto puede ser gradual con ganancias a lo largo del tiempo, hasta el logro del objetivo o puede resolverse con una reventa de la actividad que cubra todos los gastos y produzca un beneficio.

En la planificación, también quiero mencionar dos subtítulos muy importantes como las elecciones estratégicas y el análisis de la competencia. Ambos son políticas a largo plazo y deben aplicarse durante la fase de planificación de la inversión, antes de salir al terreno. Las elecciones estratégicas son todas aquellas decisiones que, basadas en la experiencia y las habilidades, deben tomarse para estudiar y clasificar las cuestiones más importantes relativas a la planificación: la localización, por ejemplo. Para ser más claros, en primer lugar cuando hablamos de << posición, posición, posición >> nos referimos a geo-localizaciones de primera calidad: estar siempre al frente, en un sentido geográfico, pero también de posicionamiento de marketing. Aquí en cambio, hablando más específicamente de localización, quiero referirme a este ejemplo específico: <<nuestra tienda está geográficamente posicionada correctamente en el centro de la ciudad; incluso tiene una importante y exitosa marca y en las redes sociales se habla mucho de nosotros. ¿Por qué no tenemos los resultados deseados? >>.

Siempre que el producto, el servicio y todos los estándares de calidad-precio sean correctos, puede haber razones relacionadas con el punto de venta o con la competencia que no han sido evaluadas correctamente:

- LOCALIZACIÓN: no hay una única garantía de éxito, estableciendo una tienda en el llamado "centro". Siempre traicionado por la lógica del precio, dirigida a ahorrar dinero, muchas veces he visto elegir tiendas, no exactamente en el centro: Yo diría que hay un centro y un centro. Hablando con el empresario inexperto, a menudo le dice que su tienda está perfectamente situada, pero una vez que ha hecho una simple inspección, es bastante fácil y desalentador ver cómo las suyas son "falsas ilusiones". Para determinar un área céntrica, no basta con tomar un mapa y dibujar un círculo con un radio definido. Los caminos no son todos iguales, e incluso el mismo camino no garantiza la misma productividad en el fondo que en la cabeza. Las evaluaciones deben hacerse siempre de forma física y tridimensional, viendo la situación real. Incluso las tiendas, que están una al lado de la otra, a menudo notamos que tienen una rentabilidad diferente aunque hagan "el mismo trabajo". La razón por la que se trabaja (o no) puede llevarnos a la bondad de la gestión y del producto-servicio, pero muchas veces la razón está puramente ligada a la propiedad: una tienda que hace esquina, en lugar de una con pocos escaparates, no tiene en absoluto la misma rentabilidad potencial. Lo mismo ocurre con un restaurante con terraza, en lugar de exclusivamente en el interior, o que tiene más o menos asientos: atención, entonces hay que convertir este potencial con otras cualidades. A menudo tienes las habilidades pero la ubicación no ayuda debido a los límites físicos u organizativos que nos impone. Por lo tanto, un análisis profundo durante la fase de diseño-compra no es en absoluto secundario, con expertos que son capaces de anticipar, en base a su experiencia, ciertas situaciones que luego se producirían más tarde, cuando ya puede ser tarde: cuando una tienda se instala en un mal lugar es difícil de solucionar.

- COMPETENCIA: nunca subestimamos a nuestros competidores porque un día pueden no representar un obstáculo, e incluso puede que sí: no olvidemos que pueden vender el negocio a alguien más proactivo que ellos, o pueden intentar copiarnos, dispersando a los clientes y reduciendo nuestros beneficios. En general, la competencia es algo que siempre hay que evaluar antes de emprender, para no construir una catedral en el desierto o, por el contrario, en medio de otras catedrales todas similares. Uno de los aspectos más innovadores que casi todo el mundo subestima, o no contempla, es la "explotación de la competencia": es un fenómeno que puede verse ampliamente en las grandes ciudades o en las grandes áreas de entretenimiento, y que merece reflexiones separadas. Pienso en el ejemplo típico, en la reconversión en las grandes metrópolis, de lo que antes eran "los antiguos mercados": hoy son centros de ocio con restaurantes, espectáculos y mucho más; son verdaderos edificios enormes, pero también pueden ser calles o zonas, donde se acumulan una serie de bares y restaurantes o discotecas: todos, con las distintas diferencias, ofrecen un poco del mismo producto, es decir, diversión. Pero tomemos un ejemplo más práctico: los hipermercados, que reúnen una enorme cantidad de tiendas minoristas, muchas de ellas similares en producto y línea de precios. Este es un ejemplo típico de cómo hacer que un aspecto negativo como la competencia se convierta en una fortaleza. La razón es muy simple: un usuario se siente atraído por todas las posibilidades que ofrece esa situación y sobre todo por la comodidad (¿es otra faceta del lugar: un lugar en una zona peatonal o un lugar con un aparcamiento privado? ¿Un lugar de fácil acceso o un lugar aislado para no molestar los ruidos? Todas las variables deben sopesarse con antelación). Así, la mayoría de los usuarios van en busca de esas situaciones porque << ni siquiera tienen muy claro lo que buscan >>, pero saben que lo encontrarán: como cuando vas a un cine multipantalla y decides la película en el momento de verla: el cine tradicional ha desaparecido.

Entonces, ¿cómo trabajas cuando te pones en ese mercado? Exactamente como antes, con las mismas reglas y aún más atención a la calidad y el precio para ser competitivos. Ciertamente hay que prestar atención al hecho de que la oferta no está saturada para un determinado tipo de producto, con demasiada gente emprendiendo en el mismo campo o con productos similares, y es absolutamente necesario diferenciar de forma decisiva por marca y servicio. Normalmente en este tipo de realidad los modelos de franquicia se distinguen porque son modelos altamente competitivos, diseñados para proceder de determinadas maneras y con determinadas políticas de precios. Entonces, ¿cuál es la culpa de un centro de esparcimiento? Si bien es cierto que un modelo de este tipo ayuda y alivia al inversor de la carga de atraer a la gente a menos de 1 KM de él, también es cierto que si no se diferencia y no tiene algo altamente competitivo, está destinado a fracasar mucho más. Entonces hay otro punto negativo: si el centro, la carretera o la zona no está bien gestionada, no está bien localizada o no está bien anunciada, trabajar en un modelo de este tipo es aún más complicado, porque atraer a la gente a 1 KM de su tienda, entonces se convierte en una necesidad y muy a menudo, la posible mala imagen de la zona se confunde con la imagen de la tienda, y por lo tanto esta última tendrá graves problemas de facturación, ya que será difícil captar a la clientela en un lugar desconocido o no grato.

RIESGO DEL NEGOCIO

Hemos mencionado la posibilidad de que las cosas no vayan en la dirección correcta: cada tipo de actividad asume un riesgo empresarial diferente, que depende de un cálculo virtual del volumen de capital empleado, del período económico y del tipo de producto o servicio. Es evidente que no se puede atribuir el mismo riesgo empresarial a un restaurante familiar que funciona en un inmueble de su propiedad, en lugar de un hotel, que tal vez pide a terceros una concesión para gestionar un determinado número de años. Por lo tanto, hay empresas de alto riesgo o de menor riesgo: las de alto riesgo son todas aquellas que siguen tendencias, por ejemplo (en términos de definición, van y vienen) y cuando claramente estamos entonces trabajando fuera de contexto, a menos que no se tenga la fuerza para hacerlo, se pueden tener problemas importantes. Otras actividades arriesgadas son las que tienen una reglamentación muy estricta o una licencia que no está completamente definida o que las protege de cualquier disputa. Lamentablemente, las regulaciones cambian con el tiempo y quienes no tienen todo expresamente garantizado y definido pueden sufrir problemas relacionados con la burocracia o los cambios que se producen por razones económicas o urbanísticas. Incluso las "noticias" o las empresas de nueva creación son actividades de alto riesgo: cuando se comercializa un producto que es innovador, podría funcionar y convertirse en un producto de moda (y por lo tanto ser muy especulativo), pero también podría no funcionar y por lo tanto entonces y También es difícil corregir la estrategia en la carrera porque la peculiaridad que debería haber sido un rasgo distintivo, entonces termina afectando también a un posible cambio. Sin duda, sin embargo, hay como siempre en la vida de los "caballos de trabajo" o "evergreen" que siempre funcionan bien o mal, es decir, que ya han sido probados a lo largo de los años en diferentes áreas geográficas y en diferentes mercados y son cada vez más rentables: mercado inmobiliario residencial, tomemos un ejemplo para explicar el concepto, un alquiler a largo plazo de un apartamento comparado con un "alquiler de vacaciones": el primero es sin duda una inversión menos altisonante y productiva que el segundo, pero con costes más bajos y con un riesgo prácticamente mínimo, además de ser un activo de refugio, en comparación con el otro tipo que es de riesgo absolutamente alto.

COSTOS, INGRESOS, GANANCIAS
Esta parte es prácticamente una pequeña lección de economía básica. Sabemos que los costos son todos los gastos que usamos para llevar a cabo un negocio: compras, maquinaria, bienes, personal y todo lo demás. Muy a menudo nos olvidamos de hablar del tiempo. El tiempo es uno de los costos más subestimados de la historia. Mi propuesta innovadora es que <<el costo del tiempo se incluya en los estados financieros de las empresas >>: el resultado sería devastador, porque muchos empresarios se darían cuenta de lo poco productiva que es su organización. El costo del tiempo es prácticamente "todo el tiempo perdido y el capital invertido" y bloqueado en una

actividad empresarial: es decir, el valor que estos tendrían si se invirtieran en otra iniciativa completamente diferente, o incluso en casos extremos en no hacer nada. Es una versión moderna del costo de oportunidad, y nos permitiría entender "a cuántas cosas se tuvo que renunciar" gastando tiempo y recursos en una empresa a expensas de otra, pero también de la familia, o de los intereses personales. Muchas veces nos centramos tanto en el trabajo que << por la ansiedad de ganar 100 perdemos 150 >>; si hiciéramos bien las matemáticas, quizás resultaría que habría bastado, para una vida plena, una cifra inferior a la que ya teníamos al principio, sin afrontar ningún riesgo empresarial. Por lo tanto, cuando esté solo frente al espejo, con un bolígrafo y un bloc de notas, recordemos que hay que poner todo bajo el título de gastos, porque dejando de lado ciertos aspectos, no secundarios, suelen componer las cuentas y siempre son positivas, incluso cuando no lo son.

Los ingresos son los que produce nuestra empresa, pero son "falsos amigos": sobre todo en el comercio minorista, dan al empresario la impresión de estar bien, de tener ingresos y recursos sólidos; sin embargo debemos recordar que no lo son porque son un dato parcial; no podemos gastar todo lo que recaudamos. Los ingresos se utilizan para cubrir los gastos y para reinvertir, y sólo en última instancia para obtener un beneficio. Así que no hay absolutamente ningún líquido disponible, pero son recursos que deben ser manejados con absoluta inteligencia.

Una mala gestión de los ingresos puede hundir absolutamente la bondad de una actividad comercial e ir a intervenir entonces siempre hay sólo dos caminos: o bien reinvertir para aumentar el volumen de negocios, y por lo tanto intentar que la relación coste-ingresos sea más favorable; o bien recortar costes (lo que a veces es saludable para evitar compras innecesarias); pero cuando se llega "al hueso", no siempre se puede tocar, para no socavar el correcto funcionamiento de la empresa. Por último, las ganancias son, por lo tanto, el resultado positivo de un camino de trabajo realizado de forma rentable: si no hay ganancias, el camino es cuesta arriba, a menos que se esté en una fase de recesión fisiológica o se haya iniciado o reinvertido.

Estos tres factores económicos deben considerarse siempre desde una perspectiva de mediano y largo plazo y para ello existen los estados financieros, que no son más que los resúmenes por período de ejercicio, de las acciones realizadas por una empresa. No hay que confundir nunca jamás los ingresos con las ganancias: si, por ejemplo, un bar cobra 1000 euros al día, recuerde al operador que no tiene 1000 euros para gastar en su bolsillo, sino que sólo ha ganado el excedente después de haber contratado gastos como: personal, electricidad y agua, materiales, impuestos, la depreciación de ese día de la maquinaria, la depreciación de su inversión inicial, los alquileres, el tiempo y muchos otros gastos. A veces haciendo este cálculo nos encontramos con el entendimiento de que no vale la pena el riesgo.

<Tanto la reestructuración como la reorganización de las empresas tienen reglas y balances bien definidos> LV

Capítulo 2: Renovación total VS de un bar con barra de una propiedad, con posibilidades de rediseñar

DIFERENCIA ENTRE LA REESTRUCTURACIÓN Y LA REORGANIZACIÓN

El inversionista de una empresa es normalmente una persona con experiencia en el sector, y cuando no es así, normalmente se une a una empresa con alguien que aporta este valor esencial. Sin embargo, lamentablemente cada vez hay más personas que se reinventan sin experiencia alguna y, lo que es peor, con recursos por debajo del nivel mínimo exigido, se aventuran en empresas que luego no pueden llevar a cabo; la mayoría de las veces por falta de fondos, o por cambios en el mercado o por falta de experiencia y planificación. Dando siempre el ejemplo correcto de la restauración, uno de los errores más comunes y extendidos es que, además de rehacerse como restauradores, creerse grandes arquitectos o diseñadores de interiores, e incluso expertos en marketing, con resultados a menudo no a la par y consecuencias pesadas también desde el punto de vista económico, el error o el principio es siempre el mismo: la política de ahorro. Ya hemos mencionado que en el sector inmobiliario comercial "quien más gasta, gasta mejor", si lo miramos desde la perspectiva de la inversión: porque al comprar algo de valor, nos presentamos a nuestra carrera personal con la competencia equipada con un ferrari, y no con un pequeño coche para competir. Si la lógica del ahorro puede ser respaldada (pero en absoluto unida porque hay lógicas y reglas muy específicas también en ese campo) con un inmueble residencial, por su flexibilidad y por el hecho de tener un usuario más estándar, común y numeroso, en cambio, con un inmueble comercial (ya sea durante la compra del inmueble mismo o durante la planificación de una actividad), no hay que quedarse " a la espera ", para no hacer elecciones de ubicaciones secundarias, aceptar defectos estructurales evidentes, o cualquier factor que pueda penalizar potencialmente nuestra iniciativa; en este caso las pérdidas serían incalculables y el futuro estaría inevitablemente en juego. Por lo tanto, la selección de la propiedad es importante, entre muchas otras en las diferentes áreas, teniendo en cuenta todos los factores que hemos discutido anteriormente en relación con el negocio potencialmente rentable. En caso de duda sobre una posición a costa de otra, siempre es aconsejable ponerse en contacto con un profesional del sector para ver las diferentes posibilidades o elecciones que ofrece el mercado, y valorar las ventajas de una zona a costa de otra.

Una vez elegido el contenido, pasamos a una segunda fase que es decisiva y luego hablamos de lo que hay que poner en la tienda elegida: según las situaciones tendremos que evaluar si la tienda necesita un cambio radical, que afecta también a las instalaciones y a la estructura, o si sólo necesita una reprogramación superficial, interviniendo sólo superficialmente en el aspecto visible para el público. En la restauración este tipo de intervención me gusta llamarla bar-staging, que sería la versión comercial del home-staging de las casas, aunque con una diferencia considerable: lo que quiero decir como bar-staging no se limita sólo al aspecto estético, quizás acompañado de una evaluación programática del tipo de inversión y de la renta que se va a montar. En este caso estamos hablando de algo mucho más profundo porque la elección de los colores o la disposición de una habitación o la comercialización o la disposición de los muebles y los recursos pueden influir directamente en el aumento de los ingresos de esa empresa. Pensamos en un principiante que decora el bar, que acaba de comprar, con colores muy planos, tono sobre tono o incluso peor con colores que no casan en absoluto, y (sin considerar por el momento la gama de las innumerables otras elecciones que tiene que hacer en cuanto a disposición, materiales, maquinaria, luces, decoraciones...) se encuentra con un bar de apariencia aburrida, monótona y cursi, que ciertamente no da la bienvenida adecuada y da la impresión de poca profesionalidad. Pensemos en cuántas veces el mismo bar fue vendido posteriormente a un brillante y experimentado empresario que cambió poco y nada (o por el contrario lo cambió todo), y lo convirtió en una mina de oro: evidentemente se trató de una coincidencia en la que la ubicación no era tan mala, pero las elecciones posteriores realizadas por el primer inversor fueron erróneas. Por lo tanto, podemos decir que quien tiene una verdadera experiencia, y una verdadera competencia, puede a veces tratar de compensarla sólo y dedicarse también a una actividad que no es completamente suya; en la mayoría de los casos hay que apoyarse en un profesional del sector para evitar cometer ciertos errores típicos y sobre todo para caracterizar y montar bien la tienda.

Por ejemplo, todos los supermercados tienen verdaderos equipos de personas que se dedican específicamente a eso: no hacen más que estudiar, optimizar y proponer nuevos espacios, nuevos colores, nuevas situaciones; incluso cambian a menudo las estanterías porque "detrás" hay un razonamiento económico, y tal vez han estudiado que ciertos productos se venden más si se colocan en la parte inferior que en la superior. Si las personas que trabajan en ciertos niveles pagan "buen dinero" por lo que puede parecer un absurdo para la mayoría, porque el inversor novato que comienza ahora con bienes raíces comerciales o un negocio, decide audazmente tomar un riesgo adicional y sin experiencia, organizar y decorar su propio punto de venta al azar, o de acuerdo con su lógica personal? Esto sería muy bueno si comprara una casa privada y quisiera vivir allí: que la organizara como quisiera, pero luego, si se equivocara, que pagara el impuesto durante la venta, porque a la gente de sentido común podría no gustarle. Pero en lo "comercial" no se puede razonar según una perspectiva de gustos, sino de ventas.

<< Así que podemos definir la necesaria o vital reestructuración o puesta en marcha de una propiedad comercial, para caracterizar su actividad y optimizar los ingresos >>.

Pero, ¿cuándo utilizar una técnica en lugar de la otra? Esto varía mucho dependiendo de la actividad más que de la ubicación y de la necesidad de preparar el local según la ley y según las normas de seguridad necesarias. En general, se puede decir que: cuando hay un cambio de licencia o un cambio de actividad, por razones de ley, pero también por razones de oportunidad y actualización de la propiedad, se realiza una reestructuración integral, tal vez negociando con el propietario de la propiedad que todavía tiene que dar su consentimiento. El concepto de puesta en marcha de una tienda, a pesar del nombre, aplicable a todo tipo de actividad comercial, puede aplicarse en todos los casos en que se continúe con el mismo tipo de licencia y no se requiera ningún cambio técnico por parte de la legislación, y simplemente se quiera dar una imagen y sustancia importante a una tienda, para mostrar primero que las cosas han cambiado, y después, poder expresar una revalorización económica de la tienda y de la actividad actual, con las consiguientes mejoras desde el punto de vista de las entradas. Insistimos en la importancia de evitar el autoservicio, que normalmente da lugar a tiendas anónimas, basadas en la lógica del ahorro, poco funcionales a la hora de trabajar y replicar el producto de una forma que produzca rentabilidad.

Si en la compra de una casa era imprescindible evaluar el estado de conservación de la propiedad, en las propiedades comerciales comienza a ser secundario porque casi se da por sentado que luego se distorsionarán o arreglarán y por ello tendemos a comercializar propiedades rústicas, o acabadas pero completamente diáfanas y con instalaciones estándares que luego se pueden adaptar a la mayoría de las empresas comerciales.

PASOS PARA UNA REESTRUCTURACIÓN INTEGRAL
Ya hemos visto como el primer paso es totalmente un análisis del estado de la propiedad, no según criterios estéticos, sino según las actualizaciones esperadas necesarias en un largo período para las instalaciones según la ley.

A continuación se exponen los pasos más significativos de una reestructuración integral, cuyo orden no es en absoluto secundario, porque muchas veces, los que no son expertos en este sector, comienzan por la mitad o por el final, y luego se encuentran rehaciendo todo de otra manera; huelga decir que al hacerlo se produce un enorme aumento de tiempo y de costos y a menudo se pone en peligro el trabajo previo o el resultado final.

- **Revise las regulaciones actuales:** << con la ayuda de un profesional, contacte con el municipio de residencia para solicitar los permisos necesarios para la realización de la obra. A través del asesoramiento técnico, definir los criterios y normas y lo que se puede hacer (y lo que no), a nivel de ingeniería estructural y de plantas. Es absolutamente fundamental, para no arriesgarse a cometer errores irreparables, trabajar con autorización y en paz "y tener las ideas claras también en términos de costes y de proyecto. Inspección recomendada para todos los técnicos que tendrán que trabajar: arquitecto, maestro de obras, electricista y fontanero >>.

- **Estudiar la nueva distribución de los espacios:** << compatible con el proyecto, primero definir donde se encuentran los espacios técnicos del baño y la cocina, y luego concentrarse en las áreas principales como el salón o las terrazas o el espacio de ocio. Hay que tener muy claro dónde ubicar los espacios sensibles antes de empezar a trabajar, porque todas las instalaciones dependen de ello y, en efecto, descubrir demasiado tarde un error puede ser imposible de resolver o muy caro >>.

Atención particular, con todo, a la política local: Nunca subestime la entrada y la distribución teórica de los puntos de producción. La entrada es la tarjeta de presentación de una tienda y debe ser grande, atractiva y de fácil acceso. Las tiendas que tienen una mala entrada o barreras arquitectónicas tienen ciertamente problemas para facturar grandes cantidades. También debe ser inteligente, y mover al cliente hacia lo más atractivo e importante que tenemos. Los espacios de producción sensibles son los más importantes después de los espacios técnicos: los primeros afectan inevitablemente a la distribución de la tienda, pero son los que discriminarán si vendemos o no. En el ejemplo muy intuitivo de un bar, es de vital importancia el lugar donde se ubica el mostrador (y la cocina) por ejemplo: no sólo eso, las colecciones pueden cambiar según el tamaño del mostrador, la forma, el color, la comodidad y el tipo de sesión (o no) que se establezca; sigue mucho la lógica sobre los tipos de bares que se van a construir, por lo que un experto no sólo se fijará en criterios estéticos, sino también de consistencia y funcionalidad en el trabajo para aumentar las ganancias.

- **Demolición:** << es la primera fase activa de la obra. Ya hemos estudiado, si existen viejos muros que deben ser demolidos o viejas instalaciones que deben ser abandonadas. En esta fase es oportuno proteger o retirar los muebles y las partes que se quieren salvar, para no dañarlos porque normalmente produce polvos realmente molestos a la hora de la limpieza y molestias por el trabajo de varias personas en el mismo ambiente. Es conveniente despejar la zona en la medida de lo posible para facilitar el trabajo y luego poder intervenir fácilmente en la remoción de puertas y accesorios o en la demolición de paredes, en el desmantelamiento de muebles que no tienen interés y en cualquier otra cosa. Si el suelo de madera, por ejemplo, es una de las cosas que se pueden salvar, protéjalo para evitar las marcas directas por el movimiento de los muebles o incluso no deseados, por el simple paso con la posibilidad de pequeños escombros bajo los zapatos >>. Por supuesto, es cierto que a diferencia de lo que ocurre en la propiedad residencial, como hemos destacado, hay una tendencia a tener grandes espacios vacíos para evitar las demoliciones pero ir directamente a una reorganización de los espacios con divisiones internas.

- **Construcción de nuevos muros:** << si se provee, habrá la redistribución de la superficie con nuevas paredes que delimitarán el nuevo tamaño de las habitaciones. Según los usos, se pueden hacer con bloques, con madera o con la solución más económica y extendida y con el mejor resultado estético: la placa de yeso, debidamente aislada >>.

También en este caso, la elección de la distribución y las separaciones en una propiedad comercial no es nada trivial: debe respetar ciertas lógicas de amplitud y diseño, sobre todo para dar a los usuarios la sensación de poder respirar.Por lo tanto, la preferencia por los espacios diáfanos, aunque constatemos que en ciertas actividades, la separación de algunos ambientes más íntimos puede ser una elección estilística, pero también económica, a veces importante: pensemos en una sala reservada e íntima en un restaurante o en ciertos rincones deliciosos, para ofrecer a los clientes ciertas diferencias de ambiente, o si pensamos en el aspecto económico pensemos en las discotecas y en los privados": ofrecemos servicios exclusivos, con un aumento de los costes de gestión de la empresa, a cambio de unos precios notoriamente más altos por el servicio ofrecido en ese espacio: son detalles que pretenden diferenciar a los clientes y tener una entrada económica diferente.

- **Electricista y fontanero:** << contactar con el electricista y el fontanero que, asistidos por un trabajador, tendrán que " reducir " las paredes y el suelo y luego canalizar sus tuberías. Ambos técnicos tendrán que preparar las instalaciones según la ley y según el proyecto, utilizando los materiales adecuados, y trazar sus instalaciones desde el punto de mando hasta la central. El electricista tendrá que discutir cómo quiere equipar y acondicionar la casa para comprender la potencia necesaria y adaptar un cuadro eléctrico autorizado, haciendo luego las solicitudes correspondientes a la empresa de administración. Ambos propondrán los puntos ideales de agua y luz en los puntos más comunes, según su criterio, pero aquí también el usuario tendrá que dar su opinión según sus necesidades y el resultado será una mezcla de solicitudes, normas y consejos sobre la base de la experiencia de otros trabajos anteriores. También se debe contactar con técnicos especializados, por ejemplo el de los aires acondicionados para tener lista la tecnología deseada >>.

La principal diferencia entre la propiedad residencial y la comercial es que los sistemas de propiedad comercial a menudo están "expuestos", tanto por una reducción significativa del costo de la obra, como porque se pierden de vista en el gran espacio o pueden camuflarse en una estética totalmente industrial, bastante despejada por las aduanas hoy en día.

- **Carpintero, instalador, alicatador, ingeniero de gas, carpintero**:<< llama a estos trabajadores capacitados para la realización de obras que no se pueden dañar, aunque sigas trabajando en la casa. Barreras, escaleras, adornos, contra-techo, azulejos de baño y cocina, pisos pueden ser realizados sólo si no se trata de una superficie delicada que pueda ser dañada, como por ejemplo la madera y superficies similares: en este caso se espera que casi todos hayan terminado y estén pendientes, o alternativamente que tengan que estar pendientes y se envuelvan para protegerla, aun con riesgo de ensuciarla. De la misma manera, se pueden hacer los primeros acabados y detalles. Siempre hay que tener en cuenta que si se elige un llamado suelo flotante, que se superpone al suelo existente, esta instalación debe hacerse antes de la puesta en servicio de las puertas porque la altura del suelo variará obviamente y, en consecuencia, también el tamaño de las nuevas puertas que se soliciten en la puesta en servicio. Normalmente se tiende a dejar el cambio de puertas y ventanas para el final (pudiendo por razones de seguridad), para no correr el riesgo de arruinar los nuevos materiales debido al gran ir y venir de las personas y sobre todo el transporte y montaje de los nuevos muebles o de los muebles antiguos que han sido trasladados. Los accesorios y las puertas y paredes se terminan entonces con los relativos zócalos o decoraciones, que tienen la función de proteger los materiales y ocultar cualquier defecto de corte o instalación >>.

- **Pintor:** << normalmente es el último en llegar y se encarga de arreglar todos los pequeños defectos y luego los cubre primero con blanco, y luego da personalidad a la casa con color. En teoría, debería pintar en blanco antes del montaje de los nuevos muebles y una vez montados, dedicarse al color: esto facilitaría los tiempos y la tarea del pintor, pero si no fuera posible, puede hacer todo más tarde >>.

A diferencia de lo que ocurre con las propiedades residenciales, aquí el pintor debe ser mucho más un artista que un intérprete: manteniendo siempre ciertos estándares de calidad, debe colaborar con el inversor y el diseñador para encontrar soluciones cromáticas adecuadas que reflejen las características distintivas de la empresa, y por lo tanto tienen que ver con una estrategia de marketing definida, y luego destacar los puntos importantes dependiendo de la actividad a realizar. Por lo tanto, debe hacer más cantidades y ser eficaz; tal vez pueda permitirse ser un poco menos astuto (a diferencia de lo que ocurre en el ámbito residencial), porque lo que será decisivo es el aspecto general de la intervención.

- **Muebles, luces, decoraciones:** por último pero no menos importante, encontramos la diversión, pero no secundaria, parte de embellecer el lugar: mucha gente lo hace a menudo " fortuitamente " mezclando estilos, colores y materiales que son inconsistentes y arruinando algo que se pensaba y que tenía un costo importante.

El estudio detallado es esencial en las viviendas, y en las instalaciones es fundamental:

- LUCES: deben tener en cuenta también y sobre todo el consumo (así como toda la maquinaria con la que abastecemos el local) porque hay empresas que cuentan con muchos horarios de apertura; afortunadamente la tecnología se une ofreciendo una gran variedad de luces de neón o LED, con gran ahorro de energía y soluciones estéticas y de colores de todo tipo. En general, luego hay que reflexionar sobre las luces cálidas o frías dependiendo del tipo de trabajo que se vaya a realizar. No hace falta decir que las luces frías son generalmente más brillantes y también resaltan los defectos de la habitación; las luces cálidas se utilizan generalmente más para las actividades nocturnas porque también afectan al ambiente de la tienda.

- MOBILIARIO: el mobiliario de una tienda consiste en todo lo que es visible para el público, y por lo tanto contempla cualquier asiento, espacio de ocio, entrada, espacios de servicio público como expositores o mostradores y atención al cliente. Todos estos espacios visibles deben estar dispuestos de manera funcional, para permitir el correcto desarrollo de la actividad y respetar un cierto gusto estético.

No cabe duda de que existen situaciones en las que la maquinaria, en determinados estilos de industria, se integra a veces en el concepto de propiedad comercial como parte del mobiliario: pensemos en los grandes vacíos situados en los grandes supermercados o tiendas, tan potentes e invasivos a la vista que con el tiempo se han puesto de moda, marcando un estilo de propiedad comercial con sistemas expuestos. Pensamos en una cervecería o en una gran bodega profesional, donde a veces incluso hay verdaderas cisternas a la vista y se organizan visitas guiadas para explicar las distintas etapas de la elaboración. Incluso en un restaurante, por ejemplo, hay una zona de pizzería o una zona de cocina "abierta", y por lo tanto en estos casos se produce la transformación del espacio técnico en un espacio absoluto del primer piso dentro de una habitación. Es obvio que por estas razones debe ser ubicado y diseñado de manera que sea fácil y al mismo tiempo tenga una función estética.

DECORACIONES: las decoraciones son todos aquellos elementos accesorios que dan personalidad y singularidad a una tienda. Pueden ser algunos muebles o luces particulares con la función de llamar la atención, pero también pinturas, estatuas, jarrones, áreas, detalles originales destinados a crear una especie de contexto o escenografía. Deben ser armoniosos con el resto y caracterizar la tienda para que sea atractiva y original para los clientes. Las palabras clave en esta área son equilibrio y consistencia: decorar con algo que cargue demasiado el ambiente es perjudicial. Todo debe tener una forma armoniosa y ser notado con la importancia adecuada. Si algo no se nota, ni individualmente ni sirve para establecer una determinada coreografía, a menudo significa que es demasiado.

El exterior de la habitación: << es el único elemento que puede ser independiente del resto y puede tener un valor no consecuente: es decir, puede ser reformado o no más tarde o en un espacio de tiempo diferente. Según las características técnicas de la casa, es necesario intervenir en los tejados, las fachadas, los jardines, las entradas, los espacios accesorios y las puertas. Evidentemente este tipo de intervención requiere "una amplia revisión" que no forma parte de los temas de este libro, sino que tiene mucho más que ver con la arquitectura >>.

El exterior de un local comercial también debe tener la función de llamar la atención. Debe incluir un signo con los rasgos distintivos de la empresa, cuyas características deben ser estéticas y también muy visibles. El nombre y los logotipos de la empresa estarán en el signo y el tipo de producto o servicio que ofrece debe ser claro.

Ya hemos hablado de la importancia de la entrada, que caracteriza la continuidad entre el exterior y el interior.

Ya hemos mencionado el hecho de que es aconsejable tener espacios accesorios fuera de la tienda, que serán explotados según la actividad; pero una de las cosas casi esenciales de una propiedad comercial es la facilidad de estacionamiento. De hecho, si es cierto que hay propiedades de este tipo también en zonas peatonales (donde sin embargo siempre hay aparcamientos de pago en las inmediaciones), tener un aparcamiento privado, anexo a la tienda, es siempre uno de los puntos fuertes que pueden determinar su éxito: el caso más sencillo en el que hay que pensar es el de las "compras semanales": ¿qué supermercado tendría éxito sin aparcamiento? ¿Cómo podrían los clientes llevar sus compras si no hubiera posibilidad

para aparcar en la inmediatez? Otro caso importante es el de un restaurante de comida rápida: si aspira a hacer grandes números, no puede ser ubicado en ausencia de un aparcamiento o una zona peatonal (con un alto tráfico) porque su modelo se basa especialmente en la comodidad de las personas.

BAR-STAGING

A partir de una visión general, definimos la puesta en marcha de un bar como una "intervención menos agresiva" que la renovación total, pero igualmente eficaz: en efecto, no se trata tanto de la sala propiamente dicha (destinada a la propiedad), sino más bien de la actividad que tiene lugar en el interior con un re-posicionamiento o un cambio de mobiliario, de colores, de luces y tal vez de la redistribución de los principales puntos de atención al público. Evidentemente, esta intervención debe respetar las reglas de estilo y de equilibrio que sólo un profesional o una persona muy experimentada puede darle: es muy frecuente ver cómo el haz-tu-mismo influye en los inversores inexpertos, que muchas veces no siguen ningún criterio lógico y recrean ambientes absolutamente carentes de personalidad y consistencia. Es un poco como cuando se toman fotos en una boda: por muy avanzada que esté la tecnología en los últimos años, se sigue pagando a un profesional por grandes cantidades, porque se inmortalizan esos momentos: es normal que, al ser un momento irrepetible, no se quiera cometer un error, y se sabe perfectamente que éstos pueden producir cientos de tomas de notable calidad, en perjuicio de los que, con el hágalo usted mismo, podrían hacer una docena de excelentes fotos. De hecho, el profesional tiene tal formación que sabe encender bien el sujeto, añadir ciertos detalles que se desprenden, utilizar algunas técnicas (por ejemplo las luces) para acentuar ciertas atmósferas y organizar los espacios de manera que los sujetos sobresalgan. La intervención de remodelación en el escenario del bar es la misma, porque si se hace profesionalmente puede hacer brillar absolutamente una tienda, de una manera tan extraordinaria que la práctica del hágalo usted mismo es absolutamente perceptible "a la vista" de cualquiera que sea aficionado, al hacer una comparación.

Sin embargo, hay un paso más que diferencia un trabajo profesional en este campo y es la aplicación de un cambio que refleja la rentabilidad de la empresa: habiendo hablado ya de la relevancia del mostrador en un bar, tomamos ese ejemplo para resaltar lo mucho que este elemento distintivo podría influir en la rentabilidad y también en la geografía y la disposición de la tienda. << Sabemos que el mostrador del bar es una clave y hemos pensado en una hipotética ubicación; ¿estamos seguros de que es la correcta? >> El mostrador es quizás el carácter más distintivo de este tipo de ejercicio y siempre debe estar situado en un primer plano, completado por el mostrador trasero donde se suelen colocar botellas o vasos, o utilizarlo como decoración. Si pensamos en una tienda de forma rectangular, no es lo mismo colocarla en la parte inferior, en vez de al principio, que frontalmente o lateralmente: son decisiones absolutamente decisivas y difíciles para una persona inexperta, porque perdería demasiada importancia y sería difícil de alcanzar en ciertos tipos de bares nocturnos, disminuyendo irreparablemente el volumen de ventas. Demasiado cerca de la entrada podría ser una solución estética dramática y no tentarle a entrar en el salón principal, que siempre parecería un lugar oscuro y distante. << ¿Y si lo ponemos en medio de una isla? ¿Y si lo hablamos directamente desde el lado? >> Cualquier decisión cambiará el resultado económico de esta empresa para bien o para mal porque el producto principal de este tipo funciona en esta zona. El hacerlo uno mismo en estos casos podría ser vital, porque tendemos a pensar sólo en el sentido estético y no en la practicidad del trabajo o la rentabilidad de la tienda. También hay otros criterios a tener en cuenta, para evitar ver situaciones desagradables, como "un mostrador cerca de los baños" (donde incluso se sufren olores o situaciones embarazosas a la vista), o demasiado lejos de la cocina, lo que implica más personal y menos control. Luego queremos hablar de la elección de poner o no taburetes que determina el tipo de clientela que tendrá... Cuando el cliente "come y bebe en el mostrador" está claro que hay que trabajar en un sistema diferente al del clásico servicio de mesa. Hablemos del color o de los materiales... Aparte de un criterio estético, debemos evaluar el costo y la durabilidad de uno de los principales actores de esta actividad.

Podríamos continuar durante horas hablando de cada detalle de un mostrador, y piensas que estamos sólo al principio porque entonces tenemos mesas y sillas para discutir otras horas, entrepiso o habitación separada, cocina abierta o no, servicio clásico, autoservicio o servicio de mesa con espectáculo. Entrada de un cierto tipo en lugar de otro. Terraza, luces, decoraciones, etc... para cada elemento podríamos pasar horas discutiendo: sin embargo el concepto principal es sólo << cada elección en un local comercial se refleja directamente en el volumen de ventas >>, porque puede hacer las tareas más o menos fáciles de llevar a cabo, o puede hacer un lugar más o menos agradable y atractivo. Esto no quiere decir que un bar perfectamente establecido funcione necesariamente, porque posteriormente entran en juego factores personales y de gestión de los distintos empresarios, pero seguramente, establecerlo incorrectamente es como empezar con un handicap en una carrera de obstáculos.

<< La practicidad añadida a un excelente resultado estético y la optimización de los ingresos a través de la organización de los espacios >>: esto es lo que he llamado el establecimiento de un bar.

El inversor novato casi siempre piensa sólo en la estética, y en la mayoría de los casos (al no ser profesional en esta materia, deslumbrado quizás por las buenas ideas), no tiene la competencia para desarrollarlas y ejecutarlas correctamente. El resultado es a menudo llamado monotonía, con habitaciones bastante estándar y poco interesantes; peor aún cuando no son muy funcionales. Pensemos en los que han tenido en el pasado (hoy en día hay reglamentos más estrictos y ciertas cosas no son practicables), << la brillante idea de colocar una cocina de restaurante en el almacén subterráneo >> o en el piso superior, simplemente con el objetivo de aumentar el número de mesas en unas pocas unidades. El espacio es, sin duda, muy importante, y cuantas más mesas tenga, más colecciones potenciales podrá expresar. Pero, ¿puede imaginar el inconveniente de tal solución y todas las consecuencias que conlleva? Tenga en cuenta que hay ciertas situaciones en las que es necesario, sobre todo en la ciudad en lugares antiguos o pequeños en los que hay que inventar soluciones, pero poder elegir esta es una de las soluciones típicas que "le hará perder dinero" porque probablemente requerirá más personal o la instalación de un montacargas, sin resolver nunca el problema de la practicidad y ralentizando el servicio ofrecido.

No hay nada que esté ubicado al azar en un espacio comercial, ni siquiera los detalles que parecen más insignificantes.

El mobiliario y la decoración tampoco son secundarios: ¿alguna vez ha entrado en un lugar que estéticamente tiene una apariencia y luego, una vez dentro, se siente completamente fuera de contexto? Las contradicciones. El empresario inexperto a menudo se mueve de esta manera: abuso del "hágalo usted mismo" y luego cuando ve que los resultados no llegan, comienza a escuchar todas las voces: << ¿Por qué no añade esto? >>, << ¿por qué no cambias el otro? >>: su trayectoria pasa por lo tanto de "haber montado una habitación monótona" a convertirla en una "habitación sin sentido" porque añade y cambia detalles u objetos (muy a menudo también buenos y caros), que sin embargo no se casan entre sí, hasta que se llega a una mezcla no homogénea o a una mezcla de objetos en desuso, puestos al azar (para que conste hay habitaciones de este estilo, pero están absolutamente estudiadas: cada objeto o cosa "puesta al azar", en realidad no es "nada, porque" todo sigue unas reglas y una coherencia de estilo y diseño).

¿Qué significa este argumento? Que la creación de un espacio comercial para que esté listo para acoger una actividad no es en absoluto una cuestión que se pueda "hacer bien", porque cada error afecta al trabajo y a las entradas. Las actividades ya implican muchos riesgos y muchas variables por naturaleza: ¿por qué añadir un problema? ¿Sólo para salvar algo o para un afán de liderar? Hay expertos en lo que hemos llamado " puesta en marcha de un bar": si hablamos sólo de criterios estéticos, por ejemplo, un profesional de la puesta en marcha de un hogar o un buen decorador o arquitecto general puede diseñar la sala sin ningún problema. En cuanto al inversor no calificado y sin experiencia, seguramente al menos sería agradable: y de hecho es el error que muchos cometen, porque se detienen a mitad de camino: hay bares hermosos ciertamente diseñados por un profesional que, sin embargo, normalmente se dedica al mercado residencial: por múltiples razones el resultado puede ser absolutamente agradable, pero con enormes problemas desde el punto de vista de la vida empresarial: la belleza no es el único factor determinante. Así que para obtener un resultado superior habría que contratar a un profesional del bar, o de la remodelación de un local comercial (por lo tanto usted es un decorador o un arquitecto pero que está puramente formado en el campo comercial), pero aquí ya estamos en el campo de los " Bienes Excepcionales " porque pocos tienen las habilidades para hacer tal trabajo. Sin duda, hay que tener experiencia en dibujo, para organizar los espacios, pero también experiencia en el tipo de negocio que se va a realizar y experiencia en marketing comercial y muchos otros tipos de experiencia. Yo personalmente, por ejemplo, tengo todas las aptitudes y la experiencia necesarias para realizar un trabajo de este tipo, dada mi trayectoria profesional, pero sólo en el ámbito de la restauración o de los locales de ocio; por ejemplo, si tuviera que hacerlo en un supermercado no me sentiría cómodo, porque aparte de los criterios estéticos, no conozco ese tipo de actividad y por lo tanto no sabría cómo optimizarla: por esta razón mi "especialidad" y mis consejos sólo los ofrezco en el tema en el que tengo aptitudes específicas: es decir, el ocio y los locales de comida y bebida.

Las grandes empresas, por ejemplo, tienen su propio equipo que sólo se ocupa de montar una tienda tras otra. Pensamos también, por ejemplo, en las franquicias que pueden ser tiendas muy grandes (o pequeñas), en cualquier caso, imitadas en muchos lugares manteniendo los mismos rasgos distintivos, las mismas reglas estéticas y de estructuración en función del diseño original de la empresa matriz, adaptadas a los límites técnicos del inmueble que se está amueblando. Incluso tienen parámetros tan ajustados que muchas veces discriminan determinadas zonas por su ubicación, características y limitaciones del inmueble (a menudo la empresa matriz se niega a realizar la operación). Normalmente las empresas más pequeñas resuelven el problema de la decoración profesional de una estancia, con una mezcla de figuras y una unión de intenciones: el propietario dicta las directrices y explica qué tipo de negocio pretende montar; luego hay un arquitecto o decorador que se encarga de la parte estética; si no se tiene visión de futuro, la parte de ductilidad y funcionalidad ligada a la organización del trabajo queda un poco descubierta, algo que se compensa con tiempo y experiencia, o que debe confiarse a un tercero profesional, que se dedica exclusivamente a ello.

INVERSIONES A ESCALA

La verdad es que hay muchos inversores sin experiencia, pero en otros casos, encontramos empresarios muy preparados y con tan buenos resultados que son capaces de ampliar su negocio rápidamente. Ya hemos hablado de la franquicia como el sistema más intuitivo para reproducir lo que ha tenido éxito en una tienda, reproduciendo de forma sana en otros lugares. Este es el modelo más sencillo de ampliar una inversión comercial. Pensamos en las cadenas hoteleras más que en los supermercados: una vez que la primera se monta y produce altos rendimientos, lo más fácil es imitar el mismo modelo a una distancia de no competencia, minimizando así los riesgos, porque se adopta un proyecto ganador, y tratando de controlar el territorio: estos son los dos primeros pasos para construir una red de puntos de venta y por lo tanto dominar el mercado con su propia marca. Entre otras cosas, hay que analizar también una cuestión fiscal: todos sabemos que los dos primeros años de una actividad tienen la costumbre de que se produzcan pérdidas por la puesta en marcha, por la resistencia del mercado y por la amortización de la inversión que pesa sobre el presupuesto: en pocas palabras, se paga el impuesto para estar en el principio. Pero luego, si todo va bien, se alcanzan los puntos de equilibrio y aparecen los primeros beneficios. Sin ánimo de ofender a nadie, a ningún empresario le gusta pagar demasiados impuestos y cuando una empresa empieza a producir muchos beneficios, el inversor debe preguntarse si es mejor pagar impuestos (lo que sería un gasto seco) o invertir de nuevo. Podría volver a invertir en la misma actividad inicial y actualizarse, pero eso lo di por sentado en el análisis, como práctica normal para mantener una tienda actualizada. La otra posibilidad que tiene es invertir en otra propiedad o en otro negocio: por lo tanto, reduciría los impuestos porque en este caso se trataría de poner la nueva operación a "costo", y sus beneficios se reducirían a cero en los estados financieros. Esta práctica es totalmente legal y no es en absoluto una forma de eludir los impuestos; piense en un supermercado que reinvierta para abrir otro: seguramente pondrá la operación a coste y por lo tanto no pagará impuestos sobre la iniciativa anterior. ¿Por qué las instituciones le permiten tal operación? Piense, por ejemplo, en cuántos puestos de trabajo genera esta operación y en cuánta actividad económica adicional. A su vez, estos factores conducen a nuevos impuestos o a un nuevo retroceso, si hay nuevos beneficios presupuestarios, y así sucesivamente. Es evidente que el sistema está correctamente montado para promover la actividad empresarial, el trabajo y la vida económica, con todos los beneficios que se derivan de una actividad positiva.

Sin embargo, existe otro sistema de hacer negocios y "no es copiar el modelo exitoso", sino por el contrario diferenciarse, tener el control de todo un sector, más que diversificar los riesgos, más que por conveniencia del mercado: no es raro que algunas marcas famosas de productos específicos comiencen a producir algo diferente o que no tenga nada que ver con el producto original; me viene a la mente el ejemplo de la marca Yamaha, por ejemplo, un fabricante muy famoso de motocicletas de todo tipo. Tal vez no todos sepan que para escalar su inversión, por ejemplo, la misma marca también produce otras cosas, como motores para barcos, que tienen poco que ver con las bicicletas de calle. La razón que mueve esto es la misma que acabamos de explicar sobre los impuestos y la re-inversión, pero en este caso la forma es diferenciar el producto. En cuanto a las propiedades comerciales, la puesta en escena podría ejemplificarse con esta paradoja: <<Soy el propietario de una cafetería muy famosa y tengo grandes beneficios: ¿qué hago? >>Una de las posibilidades sería abrir otra cafetería idéntica en otro lugar, pero ¿por qué no pensar en un restaurante de negocios? Y así pasamos a "controlar" el mercado en un rango de tiempo más amplio y con una clientela con capacidades económicas superiores. Si se obtuvieran más beneficios de las dos iniciativas emprendidas, y se quisiera optimizar los ingresos, aprovechando el marketing, se podría ampliar la actividad del restaurante y convertirlo también para el trabajo nocturno, donde se aplica una política de precios más elevados. Pero no se ha acabado: en otra propiedad, siempre utilizando los beneficios de los activos, puedes decidir, al final, incluso invertir en una discoteca. Con actividades tan diversas e independientes, pero pertenecientes absolutamente al mismo nicho (alimentación y ocio) y un buen marketing, se puede "controlar" absolutamente una buena parte del público, leal y numeroso, porque el mercado de ese sector está siendo dominado con operaciones contiguas entre sí: irónicamente un cliente podría pasar un día de 24 horas en las empresas descritas, a veces incluso sin saber siquiera quién es la propiedad. "Posteriormente, a partir de esta base de clientes, a través del conocimiento, se generará un círculo virtuoso de rotación de clientes y todo lo que vendrá después. En resumen, en lo "comercial" no hay límite a la capacidad de ampliación de la empresa: el único detalle es que hay que estar realmente preparado en el trabajo, cumplir con un sistema verdaderamente productivo y luego organizarse para reproducirlo mejor que la competencia.

< el marketing debe transformar y vender a largo plazo> LV

CAPITULO 3: MARKETING PARA EMPRESA

LA DIFERENCIA ENTRE EL MARKETING Y LA PUBLICIDAD

Estos dos conceptos se confunden a menudo entre sí como si fueran un sinónimo, pero en realidad deben considerarse "el contenedor del otro". El marketing no sólo incluye la publicidad, sino que es todo << un conjunto de acciones y planes a través de la calificación de un resultado >>, que en la mayoría de los casos conectan << el aumento del valor de una marca o de una marca >> (con consecuencias económicas para la empresa de referencia).

El empresario inexperto lo traduce, trivializándolo, a menudo con << comprar un número infinito de productos publicitarios>>, o duplicar los anuncios y cuñas publicitarias, porque piensa erróneamente que esto significa "hacer más marketing": esta definición es errónea, porque << el marketing es sólo uno>> y no tiene cantidad (la publicidad se mide en cantidad, el marketing no). Es un proyecto único que, a través de acciones estudiadas y variadas, vinculadas entre sí, generan un resultado.

Tomemos algunos ejemplos prácticos muy intuitivos: << tasa 20 anuncios y actualizaciones de radio y televisión aumentada a 100 es el medio de comercialización? >> Sinceramente, si estas son las últimas palabras de la discusión, la respuesta es negativa: esto se hace simplemente de los costos de publicidad en promedio, que a corto plazo también puede asumir un resultado, porque es estadístico que se hacen más anuncios y se tienen más posibilidades de ser visto (lo que estoy usando es un modelo muy simplificado, porque también debemos discutir la calidad de estos anuncios y dónde están fuera. Por lo tanto se llama "publicidad" << el acto de aumentar la visibilidad >> a través de acciones, sin que necesariamente haya una estrategia global que no sea el "propósito de aumentar directamente las ventas": es posible, si es tajante, intervenir para aumentar la liquidez a corto plazo, pero a largo plazo sus beneficios son difíciles de medir. La publicidad tiene sentido cuando se promueve algo en concreto, por ejemplo un evento o una novedad, y se quiere hacer llegar esta información lo más rápidamente posible a un gran número de posibles usuarios. Tomemos el caso de una sala de entretenimiento: el resultado de la publicidad es medible cuando, a través de nuestros anuncios, muchas personas se reúnen en un concierto; en este caso su eficacia está probada. Sin embargo, una vez terminado el concierto, su función se agotará prácticamente y por lo tanto puede no tener ningún efecto en el futuro: por lo tanto, debe contarse como un costo, necesario para organizar ese evento. Al proceder al análisis de los costos de esta acción, será necesario ver si valió la pena o no. Por el contrario, por otra parte, la estrategia de "hacer conciertos de música en vivo" puede considerarse una estrategia de marketing para este tipo de ejercicio: probablemente sea insuficiente para que funcionen las necesidades de una empresa de espectáculos, pero si se combina con otro largo período (que veremos más adelante), puede tener un éxito absoluto. Entonces, ¿en qué se diferencia de la publicidad? Sencillo: la publicidad es el medio para organizar un evento, pero el hecho de construir una historia de eventos y de reciclar continuamente a la gente en ese lugar es una acción de marketing: el objetivo de hacer música se convierte así en una oportunidad para atraer a un público que luego se estaciona, pasa y se divierte y que a su vez atrae a otras personas para el próximo evento. Todas las opciones de comercialización implican costos, pero están destinadas a formar un plan general que debe conducir a aumentar el volumen de negocios de la empresa y el valor de la marca. Ahora es fácil comprender cómo el marketing es en realidad el " impulsor " de una acción, y la publicidad es sólo un " intérprete ", es decir, una mera herramienta (entre otras cosas, no la única), para conseguirlo, pero todo según lógicas bien estudiadas de antemano.

EL MARKETING DESPUÉS DE COVID-19

Es muy difícil saber cómo evolucionarán las actividades estratégicas después de esos grandes cambios; lo que puede formularse como hipótesis es que los sistemas cambiarán, pero no la esencia y la lógica que siempre han guiado las decisiones empresariales ganadoras desde el período de la "revolución industrial" en adelante.

Intentemos imaginar cómo cambian los mercados y, por consiguiente, la comercialización en un período posterior al virus.

Claramente nuestra atención se centrará principalmente en las inversiones inmobiliarias y las actividades comerciales.

<< No voy a seguir hablando del virus de la Corona como tal, porque lamentablemente todos hemos experimentado el período de esta pandemia mundial que nos acaba de afectar y que ha cambiado nuestras vidas, obligándonos a refugiarnos en la casa para escapar de ellas, pero bloqueando completamente el sistema económico directo de los diferentes países (afectando indirectamente a toda la economía mundial como resultado). Todos sabemos ya dónde nació y cómo se extendió, conocemos el número de víctimas y las medidas restrictivas que tuvimos que tomar, pero aún no conocemos exactamente las cifras de los daños económicos: tal vez tengamos una idea personal, que varía de una empresa a otra, según lo que se facturó en 2019 y no se facturará en 2020, pero las consecuencias de todo esto no se limitarán sólo a 2020 y hoy en día es difícil estimar exactamente cuánto afectará a los años siguientes.

¿Se pregunta esta posibilidad? Tal vez alguien se ha engañado a sí mismo que con unos pocos meses de aislamiento todo esto pasaría y podría ser catalogado como un mal recuerdo para ser olvidado tan pronto como sea posible. Lamentablemente no será así y aunque sólo sean teorías, intentaré explicárselas de la manera más práctica posible, a través de ejemplos, para que cada uno pueda hacer sus propias preguntas. "Preguntas": sí, porque actualmente nadie es capaz de dar respuestas absolutas; sólo se pueden hacer suposiciones.

Lo que es seguro es que nada será igual que antes, porque el mundo actual se ha encontrado vulnerable a algo que ni siquiera Bin Laden y su organización terrorista habían llegado a hacer: en 2011, de hecho, los actos terroristas han hecho que el mundo se sienta más solidario y unido, fortaleciendo el deseo de unirse y colaborar para superar lo que había sido un vil ataque. Era casi como si el terrorismo hubiera sido derrotado, aparte de por el ejército de los Estados Unidos, por sí mismo, ya que había logrado la unión bajo la bandera de las Naciones Unidas, con un sentido y un deseo de libertad y una actitud favorable inimaginables: los seguidores de los terroristas se hubieran asustado, pero ciertamente no habían bloqueado el mundo: el mundo, en cambio, lo bloqueó covid 19 nueve años más tarde. De hecho, este extraño virus, subestimado por todos, se ha ocultado durante meses, disfrazándose con extraños episodios clasificados entonces como simple "neumonía" en los peores casos o extendiéndose entre los asintomáticos. No se le conocía, por lo que nadie le temía, y al principio se posicionó de forma estratégica, para luego aparecer oficialmente en China y posteriormente en Alemania con el paciente o en Europa; pero no oficialmente ya estaba en todo el mundo, probablemente a partir del segundo semestre de 2019, astuto, silencioso. Luego, cuando la "burbuja" explotó y los números se derrumbaron, este extraño enemigo recibió nombre y apellido, y entonces comenzó el miedo, sobre todo porque descubrimos que no podíamos enfrentarlo, ni desde el punto de vista médico (ninguna vacuna), ni estábamos preparados con las instalaciones y los números para enfrentarlo desde el punto de vista de la emergencia sanitaria, con los diversos sistemas nacionales sobrecargados en pocas semanas. Esta vez el enemigo había dado en el blanco: no sólo las víctimas directas, sino todas las consecuencias: el miedo fuera de las puertas de casa. Para demostrar la debilidad de toda una nación, incluso de muchos países. Y sobre todo, para separarse, dado que era una de las pocas guerras en las que los pueblos, tras alcanzar la estabilidad, se sentían más divididos que nunca: las distintas naciones no reaccionaron de forma uniforme, sino en gotas, se implementaron de forma muy diferente en cuanto a tiempos y reacciones. Hubo solidaridad y es cierto, pero tarde y en la mayoría de los casos poco efectiva.

Las personas se han limitado a encerrarse asustadas (y sin comprender) en sus casas, sin siquiera haber abrazado a un miembro de la familia con frecuencia. Fue una de las pocas guerras que se dividieron "antes, durante y después", también porque << amarse en ese momento dolía ", es decir, había que separarse y distanciarse para mantenerse a salvo: cualquier contacto podría haber sido arriesgado. Meses de esta masacre psicológica y mediática que cambiará para siempre la forma en que percibimos la vida. Lamentablemente, los que seguramente constituirán el legado más significativo no serán las buenas intenciones, fáciles de olvidar en unos pocos meses, sino las consecuencias económicas y sociales de la misma >>.

- **CÓMO CAMBIARÁ EL MERCADO INMOBILIARIO A PARTIR DEL 2020**

<< A finales de 2019 iba a grabar mis vídeos constantes de actualizaciones sobre la situación del mercado inmobiliario en mi área de competencia, y con mucha antelación resalté lo mucho que las previsiones del año siguiente habrían sido claramente alarmantes, prediciendo y anticipando una crisis inmobiliaria a finales de 2020: probablemente, me equivoqué, pero sólo porque era optimista, no podía saber del virus que inevitablemente no hizo otra cosa que anticipar los pasos que de todas formas se habrían dado por otras razones: el ya mencionado caso Brexit, la crisis de los operadores turísticos, el nuevo foco de atención en Oriente Medio y la inflación de las casas de vacaciones. Esperaba, por tanto, la aproximación de una crisis económica (y de un reflejo inmobiliario) que llevaría a la depreciación de las propiedades en el plazo de un año, y en primer lugar de aquellas menos posicionadas o diferenciadas. Además, todos estamos ya claros, este proceso ya está en marcha y todo se está desarrollando muy rápidamente. La particularidad de esta crisis es que habrá pasado de un final del año 2019, con precios muy altos, a un principio de 2020 con precios en fuerte caída: todo en pocos meses y sin previo aviso. Esto en el ámbito residencial,

donde sin embargo habrá diferencias para propiedades muy singulares o para zonas particularmente interesantes; probablemente será una catástrofe para las actividades comerciales, de las cuales una buena parte tuvo que tomar decisiones drásticas, como "cerrar sus puertas" o vender, tal vez a un precio muy devaluado, a toda prisa.

En el futuro, probablemente habrá una especie de selección natural, en la que aquellos que no tengan una cierta capacidad profesional o económica estarán destinados a desaparecer del mercado. En cierto sentido, no todos los males se ven afectados porque esto conducirá, a la larga, a una calidad media más alta y a una menor " tasa de inflación ", pero durante este cambio siempre hay alguien digno que lamentablemente no puede " mantenerse en pie " (y alguien que es menos merecedor) que con los medios o la solidez económica resiste y por lo tanto sigue a los mejores).

Por lo tanto, la cuestión importante será pronto la de la liquidez. ¿Cómo se refleja esto en las inversiones? La consecuencia más evidente es la bajada de los precios de venta, pero también hay que tener en cuenta que los precios también bajan porque hay menos gente con la oportunidad de comprar. En realidad, el mercado volverá a ser un mercado de "compradores" (es decir, donde el comprador está llevando a cabo las negociaciones), porque ya hay muchos inversores que se estaban organizando y no se movían, esperando el giro favorable del mercado para comprar. tan pronto como los precios fueran más accesibles. De hecho, en los últimos años había habido una arrogancia bastante generalizada por parte de los propietarios a la hora de fijar los valores de sus propiedades, y el buen inversor había dejado de comprar, "dejando comprar" sólo a particulares, que tenían intereses personales, en lugar de necesidades eventuales, y ciertamente no podían esperar años para que cambiara un ciclo comercial. Así que pensar que no hay compradores es un error, pero ahora el tipo de comprador cambiará: sin embargo, hay que tener cuidado de no dejarse engañar por el "mito del inversor". Muchas veces hemos escuchado opiniones de vendedores que definieron sus propiedades o negocios como << perfectos para un inversor >>, a menudo apoyados sólo por su deseo o interés personal de confiar en ello. Inversionista no significa "tonto", todo lo contrario!. El inversor experimentado, por ejemplo, es la antítesis exacta del propietario, es decir, a través de su comunicación, que << todo vale menos, en realidad, que el valor que se le asigna >>. Así que, por un lado, el propietario tiene una tendencia a hincharse; por otro, el inversor agresivo tiene una tendencia a demostrar que vale mucho menos en el mercado. ¿Cómo pueden los propietarios esperar en vano que los inversores sean los salvadores de la patria? La realidad es que son profesionales de la inversión y no están acostumbrados a comprar en el mercado.

- << A menudo me han ofrecido proyectos de marketing, para edificios antiguos, a un precio que en este ejemplo definimos como 100. El objetivo que, según el propietario, debería haber encontrado era "un inversor", porque un particular no podía permitirse ese desembolso >>: lo primero que se hace en estos casos, es buscar en la agenda los 5 primeros números de los inversores más importantes de la ciudad y empezar a llamar. Lamentablemente, a menudo la respuesta es <<Gracias, pero no me interesa, porque estoy vendiendo "el nuevo a 110", y por lo tanto cuesta demasiado. De hecho, compraría lo que me ofreces, a un precio entre 50-60 porque tal vez vale 70. Así que considerando todos los gastos, a este precio que usted propone no es económico >>. Es bastante obvio que me niego, independientemente de las asignaciones de este tipo, justo después de haber informado al propietario de las respuestas de este tipo (y haber visto que su reacción es absurda: << entonces tratemos de bajarlo a 95 >>. << ¡¿Pero si es 70?! >>). Espero que quede claro que para este tipo de propietario, el inversor nunca será un recurso, así como esta propiedad nunca será comprada por un inversor (y probablemente bajo estas condiciones ni siquiera por un particular), porque está fuera del mercado.

Por lo tanto, estoy describiendo un escenario muy complejo, en el que será absolutamente necesario un cambio de mentalidad por parte de los propietarios y una responsabilidad por parte de los compradores: los primeros tendrán necesariamente que adaptarse al mercado, a menos que decidan y puedan permitirse esperar un nuevo ciclo económico dentro de unos años, y los segundos no tendrán que "tirar demasiado de la cuerda" y presentar ofertas absurdas. A partir del equilibrio de las dos posiciones, el sistema inmobiliario volverá a girar y a producir, y sorpresivamente podría ser uno de los primeros en recuperarse, al menos en la zona residencial de ciertas zonas geográficas. Por lo tanto, todo depende de la mentalidad y del equilibrio entre la oferta y la demanda: cuanto más rápido se adapte al nuevo mercado, más rápido volverán las transacciones >>.

- **CAMBIOS SOCIALES Y ECONÓMICOS**<< Veo que la parálisis del sistema inmobiliario no se espera por lo mismo, más bien un cambio, por el contrario un giro radical en los usos y costumbres de las personas y el consiguiente cambio económico de la abundancia por sectores es bastante probable.

Sectores de cambios sociales y económicos. Como aprendimos en la carta escrita por covid-19, esta experiencia cambiará ciertos sistemas y formas de pensar, y sobre todo se referirá al espíritu empresarial y a la forma de pensar sobre la vida corporativa. Tal vez la verdadera función del virus, al final, será la de llevarnos realmente al siglo XXI, porque hasta ahora todo había permanecido exactamente igual que en el siglo XX, con una lenta e inexorable caducidad de los productos y del servicio en general.

¿Es esta la ocasión para una verdadera revolución económico-industrial?

Los primeros efectos de esta experiencia se han visto en el comercio y los servicios. Como las primeras actividades fueron bloqueadas por los decretos restrictivos, cerraron el almacén físico y organizaron o reforzaron un comercio en línea ya existente. Obviamente, los bares, por ejemplo, no pueden prepararnos un cóctel en línea, ni ofrecernos agregación y diversión; pero aparte de estos casos, pensemos en la comercialización de ropa, artículos para el hogar, productos en general y productos alimenticios en sí mismos (muchas personas han comenzado a solicitar más servicio de supermercado a domicilio por temor a salir a comprar de primera mano): antes sólo un pequeño nicho utilizaba estos servicios en línea en este sentido, pero con un confinamiento limitado, durante meses, se han acostumbrado cada vez más a buscar un producto en Internet y a solicitarlo para su envío. En este sentido, es posible pensar que las empresas de este tipo, en el futuro, fortalecerán aún más esta rama, y esto también podría cambiar la lógica de las tiendas, que siempre han funcionado hasta ayer. Es bastante obvio y evidente que por lo tanto habrá muchos cambios desde el punto de vista organizativo y social, porque la gente se acostumbrará a diferentes cosas para satisfacer sus necesidades, y de esto el mercado tendrá absolutamente todo en mente. En el mercado inmobiliario, por lo tanto, las valoraciones cambiarán, ciertamente también las estrategias en el campo comercial, que determinarán nuevas reglas: ahora más que nunca será necesario mirar hacia el futuro, porque se juega otro tipo de juego >>.

- MERCADO RESIDENCIAL: LO QUE CAMBIA<< La propiedad siempre ha tenido un importante y claro valor intrínseco desde los primeros tiempos. Recuerda que en el viejo oeste, cuando las colonias y las colonias de personas iban en busca de suerte. No hablo de una búsqueda especulativa y aleatoria de oro, sino de una forma más sólida y segura de inversión o "tierra". Este ejemplo significa cuán fugaces son las inversiones seguras e incluso arriesgadas, a pesar de otras que son absolutamente siempre funcionales y con baja probabilidad de riesgo: << una casa siempre es una casa, vale mucho o pierde valor, siempre valdrá algo> >, y al mantener la propiedad puede ser usada para diferentes usos:

- USO PERSONAL: tenemos en cuenta que todo el mundo necesita una casa, usada para residir y vivir. La casa puede ser "propiedad" o "alquiler a largo plazo". Una valoración interesante es que irónicamente podríamos decir que en Europa, o en los Estados Unidos, << hay más casas que familias >>.

En este caso, el escenario se mantendrá casi constante aún hoy, porque todos seguirán necesitando "un techo"; sin embargo, puede haber una redistribución después de covid-19.

- USO RENTABLE: siguiendo el razonamiento anterior, los propietarios, que en cambio pueden permitirse contar con importantes ahorros y liquidez, aprovechando las oportunidades del momento, han adquirido y están adquiriendo más de un inmueble y si a veces éste se utiliza como segunda residencia (de recreo) o para llevar a cabo su actividad comercial o industrial, en otros casos el propósito es invertir para alquilar a un tercero. En el caso del alquiler, por lo tanto, podemos decir que la propiedad fue comprada con el fin de producir capital. Estos capitales serían "el producto de arrendamientos de largo, mediano o corto plazo, según las políticas adoptadas por el propietario". Al definir el largo plazo como "tipología estable", el mediano plazo como "innovación", interesante de vigilar, y el corto plazo como "especulativo" y siguiendo las tendencias, podemos suponer que en el post Corona-virus continuará y se recomendará "el alquiler a largo plazo".

- FUERA DE USO: Te sorprenderé hablando de esta categoría porque es muy interesante. << ¿Quién le dice que todas las propiedades tienen alguna función? >>. Sólo pueden existir como resultado de circunstancias imprevistas y ser completamente superfluas o incluso molestas (si pensamos que deben ser mantenidas pagando impuestos y mantenimiento para tenerlas), sin tal vez hacer uso de ellas. Hablamos de inversiones equivocadas, por ejemplo, nunca realizadas o inacabadas, que por lo tanto no están ni siquiera en condiciones de ser alquiladas, o pensamos en las propiedades heredadas: el covid-19 o la vida en general, dejan rastros en el año 2020 de muchas muertes; muchas de estas personas eran propietarios y por lo tanto sus herederos podían ser nuevos propietarios (y pasar de la condición de alquiler a la de tener una primera vivienda) o simplemente podían heredar propiedades en forma inesperada de las cuales no saben objetivamente qué hacer con ellas. Estas propiedades serán verdaderas oportunidades de mercado, en muchos casos porque, una vez superada la barrera emocional, si se hacen cuidadosas evaluaciones comerciales, habrá una buena motivación de venta y, por lo tanto, precios acordes con el mercado: en estas condiciones, muchos posibles inversores querrán ganarlas por motivos personales o de inversión. Es difícil, aunque lamentablemente a veces sucede, pensar que las buenas propiedades permanecen sin uso para arruinarse inexorablemente con el tiempo: un propietario prudente tendrá que pensar cómo utilizar ese capital antes de que se devalúe, porque el tiempo se deteriora sin remedio >>.

• **MERCADO COMERCIAL: LO QUE CAMBIA** << En este campo, reina la incertidumbre total, porque la escala de lo que ha sucedido está aún por medir. Anteriormente mencionamos una especie de selección natural, en la que sobrevivirán los mejores o los que tienen más recursos financieros, y también una especie de cambio en la organización de ciertos puntos de venta y, por consiguiente, del tipo de propiedad: si, por ejemplo, se hiciera realidad a escala la selección y entrega automatizada de las compras en los supermercados, es razonable pensar que las pequeñas tiendas sufrirían el último golpe de gracia, y que las empresas de alimentos se sumergirían en enormes almacenes y depósitos organizando entregas al estilo del Amazonas, en lugar de apuntar a la gestión de costosos almacenes situados en lugares estratégicos. La selección natural y el cambio de concepto están en marcha, por lo que los efectos de estos cambios aún no pueden predecirse. Sin embargo, también hemos mencionado un sector antiguo y costoso, que sin embargo no puede expresarse con las tecnologías actuales y no puede realizarse en forma virtual, porque tiene que ver con la agregación y la producción de "algo hecho en el momento"; si se piensa en ello, es realmente lo único que no puede tener una versión virtual correspondiente. De hecho, aunque no sea lo mismo, en condiciones extremas se puede ver un partido de fútbol virtualmente, o pedir cualquier producto y servicio, o hacer reuniones y tener amigos e incluso una novia virtual: pero nunca "irás al bar virtualmente". El sector de la alimentación y las bebidas no es un tipo de comercio que pueda ser replicado en forma virtual. Seguramente por lo tanto, si por un lado la tienda clásica corre el riesgo de desaparecer debido a los cambios sociales o de hábitos que asumirían las personas, los restaurantes, los bares y los hoteles, como "vendedores de agregados y emociones" y un producto que sólo se puede utilizar de forma tridimensional "en vivo", continuarán su existencia, aunque experimentando una importante inflexión de los números por las razones ya explicadas. Sin embargo, también habrá aquí un importante intercambio de vendedores que, debido al cambio en los hábitos de los clientes o a las cuentas que ya no son favorables, decidirán vender, creando importantes oportunidades de mercado, en posiciones o situaciones que hasta hace algún tiempo eran impensables. Los verdaderos "tiburones" (inversores expertos), deben estar listos ahora con su capital para posicionarse y aprovechar estas oportunidades de mercado.

Pero, ¿cuál es la identidad de este tipo de inversores?

Es absolutamente un perfil muy experimentado y caudaloso, porque lo primero que tendrá muy claro es que no empezará a ganar a corto plazo, sino que se trata de una inversión a lo largo del tiempo: sólo está comprando una buena posición a un precio ventajoso, pero es muy probable que, si quiere montar una actividad hoy, tendrá dificultades como todo el mundo, a menos que vuelva a recurrir a los recursos económicos para construir y posicionar una actividad como líder del mercado. ¿El inversor principiante entonces? Alguien de este otro grupo ciertamente se moverá de igual manera, incluso en condiciones desfavorables, y probablemente caerá en picada especialmente si no tiene habilidades apropiadas en el negocio y reservas económicas para lidiar con los tiempos de crisis. Todos los ciclos económicos ofrecen oportunidades de mercado: el tema es "saber leer la partitura por adelantado" y moverse en consecuencia >>.

EL CORONA VIRUS ES VISTO COMO EL " GRAN GENIO DEL MARKETING"

Pretendamos por un momento que este extraño enemigo no está completamente en contra nuestra, y estudiémoslo como un ejemplo económico para robar sus secretos de una manera totalmente neutral y desinteresada.

Visto así, inconscientemente covid-19, si lo comparamos con una empresa que quiere entrar en el mercado, se ha movido con una inteligencia y estrategia absolutamente únicas e irrepetibles. Pensemos en lo silencioso que permaneció hasta los primeros días de 2020. Se había organizado y había estado reuniendo todas sus fuerzas probablemente por lo menos durante los seis meses anteriores, sin hacer ningún ruido, << escondiéndose y vistiéndose con otros nombres >> (cuando pensábamos que era una gripe o en el peor de los casos una neumonía). Probablemente ya estaba presente en todo el mundo entonces, con las personas inconscientes y a menudo asintomáticas, y se estaba multiplicando, expandiendo y sobre todo posicionándose: el posicionamiento es muy importante en un modelo económico, porque puede discriminar el tamaño, los tiempos y la posibilidad de tener éxito. En el caso del virus, el posicionamiento era inteligente y silencioso, y cuando ya estaba listo para lanzar su ataque, lo hizo << desde el mejor lugar, con la mayor fuerza posible, con rapidez, con el efecto sorpresa, rompiendo la competencia (es decir, dejando indefensos a los distintos servicios de salud) >> y haciéndose rápidamente con una realidad que ha dominado el mercado, es decir, nuestras vidas. De hecho, cuando llegó el momento adecuado, no sólo se dio a conocer, sino que pasó a una fase más agresiva: llegó al "boom", donde derrotó a todo el mundo y cumplió sus propósitos.

Esto, por ejemplo, es también un caso de lo que se llama << marketing oculto >>, es decir, sin publicidad. La publicidad tuvo que ser hecha por el hombre más tarde para entender lo que estaba sucediendo: pero el virus mismo se embarcó en una perfecta estrategia de marketing que rápidamente lo hizo llegar a su objetivo.

Imagino que no es exactamente el ejemplo más agradable que podría usar, pero ciertamente tiene un impacto y puede explicar claramente cómo debemos movernos en el mercado. Se pueden implementar diferentes estrategias (dirigidas a atraer la atención como la publicidad o el ocultismo como en el caso explicado), pero el objetivo es siempre el mismo: la empresa debe crecer y expandirse de acuerdo con un proyecto y unas estrategias bien trazadas y llegados a cierto punto tiene que "explotar" para competir a toda velocidad en el mercado. Por el contrario, si no puede reproducir este modelo de crecimiento, está destinado inevitablemente a decaer porque probablemente se mueve con una lógica de marketing inadecuada.

ACCIONES DE MARKETING EN ACTIVIDADES COMERCIALES

Se pueden implementar diferentes estrategias, pero el punto ganador desde el cual el mundo y el mundo es variar la forma o las formas de proponerse, por lo tanto para anunciar y promover, manteniendo la coherencia en la estrategia y la dirección, en las características intrínsecas de una empresa determinada, con el objetivo de poder representar correctamente las características principales de la misma y su propuesta. Así pues, entendiendo el marketing como << un conjunto de estrategias aplicadas para lograr un propósito predeterminado >>, analizaremos ahora en general las características fundamentales de este tipo de planificación, y luego pasaremos a enumerar y explicar las técnicas más adecuadas para la promoción en el siglo XXI, actualizadas por la tecnología y la agilidad.

Cabe señalar que no se dice que acciones de marketing idénticas produzcan los mismos resultados, discriminando a lo largo del tiempo, en el producto y por las diferentes empresas. A menudo el ojo no experto no entiende por qué una estrategia funciona para ciertas categorías y para otras no, y sobre todo muchas veces la emulación se utiliza como "salida" para resolver problemas: de hecho es de sentido común que << algo que funciona muy bien para alguien podría funcionar también para otros >>, pero lo contrario también es cierto, porque depende de la diferencia de las actividades, cada acción tiene una capacidad de decisión diferente de acuerdo con ciertos criterios ad hoc..

Tomando un ejemplo concreto en el sector de la alimentación, no es lo mismo promover una discoteca que un restaurante para almuerzos de negocios: en el primer caso el objetivo es vender "diversión", por lo tanto hay que crear campañas donde se realce el gusto de estar juntos celebrando, transgresión, movimiento, eventos; en el segundo caso hay que ser más concretos, rápidos y cómodos, porque el objetivo es << hacer claro que la producción de buena calidad se hace a un precio justo >>, que es lo único que buscan los destinatarios de ese mensaje: todos los demás factores que son secundarios y típicos de otros tipos de restaurantes, donde la gente se reúne por placer y por el gusto de comer y no sólo por una necesidad.

Por lo tanto, establecer una campaña de marketing equivocada y no dirigida a los objetivos que son apropiados para su negocio es una pérdida de tiempo y recursos, por lo tanto un costo. También en este caso existe un difundido " hazlo tú mismo " donde muchos propietarios (aparte de sentirse decoradores, empresarios, cocineros etc... y sobresalir en todas estas disciplinas) se sienten incluso expertos en marketing: casi siempre estos temas terminan simplemente comprando algunos anuncios al azar, ¡y ciertamente no aplicando políticas de marketing! Recordemos que quien lleva muchos años ejerciendo en un determinado sector empresarial probablemente sabe hacer todas estas cosas bastante bien y tiene la experiencia para poder al menos distinguir las acciones incisivas de las menores; pero, ciertamente, quien no tiene al menos 15-20 años de experiencia, ¿cómo puede pensar que es tan fácil sustituir a un profesional, de cualquiera de estos campos, que siempre y sólo ejerce su propio tema y lo ha repetido en un número innumerable de ocasiones y en diferentes contextos? Pensemos en lo vano que puede ser, en el ejemplo llevado al extremo, anunciar "la conveniencia o la rapidez de ejecución de los cócteles" en una discoteca; con las partes invertidas, es igualmente perjudicial anunciar la "gran aglomeración de gente y diversión" en un restaurante de negocios: incluso contraproducente, por tanto, en el segundo caso en el que la gente busca algo sencillo y desconecta unos minutos del trabajo. La coherencia, el equilibrio y la claridad son esenciales en el marketing, exactamente como lo fueron cuando definimos la puesta en escena del Bar (armonía del mensaje y de los elementos): de hecho, considero que el punto de venta en el marketing es una parte integral o fundamental. Pero cuando se hace un anuncio equivocado en una tienda, puede no llevar a nada o incluso a un resultado negativo. Pensemos en un restaurante de lujo, por ejemplo, que tiene un cierto nivel de clientela y un precio pro-medio elevado: ¿por qué debería anunciar su actividad en el "periódico más popular de la ciudad", si no trabaja con un gran número de personas, sino con un nicho de un cierto nivel social? Al contrario, ese nicho de personas, que normalmente pagarían también un recargo como << el gusto de tener algo exclusivo >>, podría ver este tipo de acción como un declive o un camino hacia abajo: es el caso típico en el que incluso se llega a perder clientes. Se puede ver en este ejemplo, cómo una cierta línea equivocada, demasiado generalizada, resulta en "mezclar demasiado los clientes", es decir, arruinar su selección y singularidad; en otros casos puede haber cambios reales en el tipo de usuario, y esto por supuesto puede ser consciente o inconsciente, ganando o perdiendo absolutamente, porque a merced de los acontecimientos, y no en cambio el resultado de una estrategia.

Hay un viejo refrán que reza: "En el negocio es mejor que hablen mal a que no hablen". En cierto sentido esto era absolutamente cierto en los años 80 y 90, pero ya con el nuevo milenio e Internet (y posteriormente con las redes sociales), este concepto ha cambiado: antes del comentario, aunque negativo se dispersaba y se consideraba totalmente aleatorio: en lugar de ir como "anónimo", se prefería "ser desagradable", siempre que se hablara de una marca. Este tipo de acción de marketing sigue siendo válida y muy incisiva por ejemplo en el chisme o en la industria de los programas de realidad televisiva: se trata de la creación y proyección de personajes y situaciones, para los que se crea interés independientemente del gusto, porque en cualquier caso se crea curiosidad. Sin embargo, ya en el campo del trabajo y la profesionalidad hay que tener mucho cuidado: con las nuevas tecnologías el boca a boca se crea artificialmente y puede ser un arma a favor de uno, pero también dar el golpe de gracia a cualquier empresa, cuando es negativo. De hecho hoy en día, casi todas las grandes plataformas dedicadas al comercio, más que al ocio en general, dan a cualquiera la oportunidad de expresarse y por lo tanto pueden contar lo bueno y lo malo de las cosas, añadiendo fotos, comentarios y detalles, y creando así fenómenos mediáticos por los que << un lugar que es generalmente apreciado puede convertirse en el mejor, mientras que los que no son populares, pueden ser completamente hundidos >>. En este caso, si no se puede alcanzar la excelencia, es mejor ir de forma anónima que de forma equivocada: desde el anonimato se puede volver a programar y empezar de nuevo; desde la degradación generalizada, es necesario entonces volver a poner todo en su sitio, con un aumento de los costos y de los problemas que no siempre se pueden superar.

En un mundo de "gustos" tienes por lo tanto la opción << o no de involucrarte >> y usar el viejo sistema comercial (seguramente siempre una base sólida, pero no demasiado competitiva en ciertos campos hoy en día), o involucrarte, pero en ese punto tienes que hacerlo con las inversiones y habilidades necesarias, para no tener importantes repercusiones negativas. Una vez más, por lo tanto, el "concepto volcado" en los negocios, por lo que << no siempre es cierto que los que gastan menos, realmente gastan menos >>.

Tomemos un ejemplo paradójico: hoy en día, todos hemos tomado un avión en la vida. ¿Por qué crees que ponen dos pilotos por cada avión más el piloto automático? La respuesta bastante simple es que << en una emergencia, un principiante difícilmente podría reemplazar a un piloto en algo tan delicado y técnico >>. El profesionalismo se basa en el hecho de que se paga una cuota a alguien para realizar una acción, lo que un lego en la materia haría con menos calidad, con más experiencia y un manejo diferente de los eventos inesperados. Así que pongámonos en la perspectiva de ser más críticos con nosotros mismos cuando tenemos un negocio y pensemos sinceramente << si estamos gastando mucho dinero en simple publicidad >> o si estamos haciendo investigación de mercado, porque los costos pueden ser a veces similares, pero los resultados ciertamente difieren.

Es evidente que, incluso en el marketing, es necesario distinguir quiénes pueden ayudarnos a expresar acciones de impacto, de acuerdo con el tipo de empresa o el objetivo que nos propongamos: entre los distintos profesionales hay quienes saben tratar el marketing en general, más que otros que saben hacer ciertas acciones específicas y dirigidas a sectores concretos. Por ejemplo, en mi experiencia personal, yo como inmobiliario, me ocupo de proyectos de marketing y comercialización destinados a las "casas" públicas; también experto en alimentación y entretenimiento, me dedico a las actividades comerciales de este sector; ¡nunca soñaría con promover campañas de marketing para una industria cosmética, por ejemplo! Los principios son evidentemente los mismos, pero no tendría el conocimiento de "cómo se desarrolla ese tipo de trabajo", ni de los puntos fuertes, ni de lo que quieren exactamente esos clientes específicos: digamos que podría hacerlo bien a medias". Al igual que aquellos que no conocen real y profundamente el sector del "bar" y utilizan el "hazlo tú mismo", rara vez o parcialmente pueden hacerlo bien en su promoción. Usar sólo el 50% significa "no optimizar mucho potencial" disponible. Piensa en un juego de equipo, si tuvieras que tirar de una cuerda: un equipo usa dos brazos, pero el otro usa sólo uno; me parece bastante obvio quién acabará ganando el juego (independientemente de quién sea el más fuerte o el menos), porque hay uno de los dos equipos que no está usando todo su

En España, está presente en todo el territorio online para la consultoría (y disponible para los servicios en directo sólo en determinados territorios, existe por ejemplo www.bares360.es con la que colaboro: esta página web es el ejemplo de una agencia de marketing estratégico para empresas de alimentación y bebidas e integración, en la ronda: ofrece todos los servicios más exclusivos para este tipo de sector, dada la experiencia de sus colaboradores en este ámbito. Recién nacida en la web, pero realizada por personas que llevan años en este tipo de negocios, que van desde el estudiado diseño del local, no sólo desde el punto de vista estético, sino desde la ya mencionada funcionalidad y aprovechamiento de los espacios con el fin de aumentar los ingresos. Luego pasamos a los servicios netamente de marketing, como la creación de logotipos, el asesoramiento para la realización de páginas web y medios de comunicación social, la asesoría en la organización de empresas y personal, la organización de eventos y mucho más. Una de las ramas más importantes, sin embargo, sigue siendo el sector de la asistencia para la venta de actividades comerciales o la creación de empresas para gestionarlas: es un nicho inmobiliario muy técnico pero absolutamente importante para optimizar las inversiones; incluso en esta sección hay un curso sobre << la cesión de actividades >> dedicado a los agentes inmobiliarios, que da testimonio de la necesidad de proporcionar una "formación profesional" sobre estos temas, con el fin de optimizar el trabajo y entrar en todos ellos: estos productos (también la creación de la tienda y la venta de la empresa) son importantes acciones de marketing y deben ser tratados como tales.

QUIENES NO NECESITAN EL MARKETING
Este es un párrafo muy claro y contundente, donde me gustaría expresar mi decepción personal hacia aquellos que se adhieren a esta "no-estrategia", que es aún peor en mi rango personal que aquellos que "dañan el marketing", pero al menos lo intentan.

No hacer marketing, significa no tener un proyecto definido para lograr un resultado: es decir, significa hacer una actividad empresarial casual, según como venga. Es evidente que esto no me parece bien, porque si las cosas se dejan "al azar" o siguen una lógica de gusto, pero no comercial, esto sólo puede producir un resultado mediocre. Por lo tanto, en respuesta a la cuestión que estamos analizando, los ocasionales, los inexpertos o los que sería mejor cambiar de trabajo antes de perderlo todo, no hacen marketing. Por supuesto, en la vida (por desgracia o por suerte) siempre hay excepciones, por lo que incluso el más incompetente puede a veces obtener resultados, porque le encanta la suerte y el azar, o porque tiene importantes recursos económicos que compensan otras carencias. Pero en la mayoría de los casos, la "falta de control" o el fracaso en la planificación es una fuente absoluta y el primer signo de fracaso. En cambio hay sujetos que se jactan o presumen de no tener que hacer marketing, porque tienen una marca tan fuerte o un posicionamiento que los hace únicos y alejados de la necesidad de empujar.

Pensamos en las actividades renombradas e históricas, que ahora tienen automáticamente un amplio conocimiento de la gente y por lo tanto están totalmente libres de interés en las promociones. Estas realidades son probablemente las únicas que pueden permitirse no planificar, porque viven de los ingresos de su historia, y por lo tanto consideran más importante centrarse más en el mantenimiento de ciertas normas, en lugar de invertir en el crecimiento. Admirable y respetable como concepto y absolutamente veraz, aunque no tenga en cuenta una cosa esencial: el tiempo y el cambio. Estas empresas no harán marketing, pero en el pasado su fundador probablemente lo hizo, ¡y de qué manera! De esta manera alcanzaron ciertos niveles de excelencia. Sabemos, sin embargo, que el paso del tiempo determina los cambios económicos que se reflejan en la esfera industrial y comercial, por lo que no se dice que << lo que es bueno hoy también funciona mañana >>. Es bastante plausible que este tipo de empresas no se preocupen, en la actualidad, por aplicar políticas de marketing, pero esto obviamente a expensas de cualquier crecimiento: a lo largo de los años tendrán que estar preparadas cuando tengan que cambiar de situación, para renovarse y aplicar políticas dirigidas a relanzar su negocio para mantenerlo competitivo, en función del origen de los tiempos y del primer signo de fracaso.

En cambio, hay sujetos que presumen o se enorgullecen de no tener que hacer marketing, porque tienen una marca tan fuerte o un posicionamiento que los hace únicos y alejados de la necesidad de empujar. Pensamos en las actividades renombradas e históricas, que ahora tienen automáticamente un amplio boca a boca y por lo tanto están totalmente libres de interés en las promociones. Estas realidades son probablemente las únicas que pueden permitirse no planificar, porque viven de los ingresos de su historia, y por lo tanto consideran más importante centrarse más en el mantenimiento de ciertas normas, en lugar de invertir en el crecimiento. Admirable y respetable como concepto y absolutamente veraz, aunque no tenga en cuenta una cosa esencial: el tiempo y el cambio. Estas empresas no harán marketing, pero en el pasado su fundador probablemente lo hizo, ¡y de qué forma! De esta manera alcanzaron ciertos niveles de excelencia. Sabemos, sin embargo, que el paso del tiempo determina los cambios económicos que se reflejan en la esfera industrial y comercial, por lo que no se dice que << lo que es bueno hoy también funciona mañana >>. Es bastante factible que este tipo de empresas no se preocupen, en la actualidad, por aplicar políticas de marketing, pero esto obviamente a costa de cualquier crecimiento: con el paso de los años tendrán que estar preparadas cuando tengan que cambiar de situación, para renovarse y aplicar políticas dirigidas a relanzar su negocio para mantenerlo competitivo, al ritmo de los tiempos.

ACCIONES DE MARKETING PARA OPTIMIZAR EL SECTOR DE LA ALIMENTACIÓN Y LAS BEBIDAS
- Como decíamos, el marketing tiene unas reglas básicas que se aplican a todo tipo de negocios, por lo que la gran mayoría de lo que vamos a tratar ahora es ampliamente aplicable a otros sectores: sin embargo, he querido centrarme en mi especialidad y utilizar mi experiencia para hablar de todas las nuevas tecnologías (y el sistema clásico) a disposición de las empresas, en este caso del entretenimiento y la restauración: las nuevas tecnologías son todas aquellas que se aplican desde la llegada de Internet, y por lo tanto mucho tiene que ver con el ordenador y con una canalización de medios virtuales, dirigida a aumentar el valor de la marca. El sistema

clásico es en cambio << toda esa serie de sistemas que siempre se han utilizado y que son viejos caballos de batalla >>: una verdadera base sólida, que nunca deja de ser importante, pero que si se aplica "sola", hoy en día puede ser insuficiente para competir en el mundo global. La medida de todo esto también está en el tamaño del mercado al que nos referimos: cuanto más hablamos de grandes mercados, espacios y gran competencia, más evidente es la necesidad de diferenciarse y destacar. En las pequeñas realidades, sin embargo, el valor de todo este estudio pierde un poco de fuerza a expensas de la calidad y de las características interpersonales y de la empatía (que en cualquier caso nunca está de más poseer en cualquier tipo de situación).

- **- DIFERENCIAS ENTRE** LA ANTIGUA ESCUELA Y LAS NUEVAS TÉCNICAS: algunos de los principios de la antigua forma de pensar eran << estar siempre presente de todos modos >> y << lo importante es hacer que la gente hable de sí misma >>. Las afirmaciones también son verdaderas, anteriormente, pero insuficientes en el 2020 porque ninguno de ellos habla de planificación. Tal vez podrían haber sido dos buenas consideraciones a nivel publicitario, pero hoy en día en cualquier caso estarían anticuadas, o es mejor integrarlas. De hecho, no sólo debemos estar presentes, sino que debemos elegir el canal y ser muy competitivos: el objetivo es complacer y por lo tanto proyectar una percepción de nuestro negocio que atraiga comentarios positivos. Es una versión tecnológica del boca a boca de la vieja escuela, pero la gran noticia es que "las opiniones de la gente están por escrito", fácilmente disponibles y accesibles para todos: se llaman Reseñas. Por ahora las plataformas más grandes también utilizan este sistema para caracterizar un poco el producto: especialmente en las compras en línea, donde una persona no puede ver ni tocar con la mano, a menudo se guía con la descripción del producto, con fotos y vídeos y con comentarios de otras personas que ya lo han comprado. Afirmo que personalmente no me vuelvo loco para comprar en base a la opinión aleatoria de los demás, y que me resulta bastante desagradable cuando algunos amigos << eligen dónde ir a comer pizza mirando quién tiene más estrellas >>. Confieso, sin embargo, que el sistema es absolutamente válido, aunque tenga ventajas y desventajas:

- - VENTAJAS: Entre las ventajas, hay ciertamente transparencia para el cliente, así que cuando una persona ve todas las críticas negativas puede razonablemente pensar que está viendo el anuncio de algo que tiene problemas potenciales. Otra ventaja, siempre para el cliente, es la tranquilidad de comprar cuando ve evaluaciones de experiencias positivas, y que por lo tanto le da una seguridad adicional para hacer lo mismo. Otra ventaja es la de la descripción en profundidad, donde alguien que ha podido tener pequeños problemas (y luego los ha resuelto) explica su camino para que un tercero pueda ser consciente y decidir qué hacer. Las ventajas son también para el vendedor: las críticas positivas casi siempre coinciden con el aumento de las ventas, y las opiniones positivas son una gran acción de marketing, que en una cadena desarrolla un boca a boca positivo y una impresión positiva que se refleja en la marca. Las opiniones positivas producen también una sustitución dentro de la clientela de una empresa, y por lo tanto un crecimiento a largo plazo, así como la posibilidad de ventas accesorias (usted buscaba un objeto, pensó erróneamente que esa marca lo tenía, pero descubre otros que le interesan por otras razones, en las que no había pensado): por lo tanto la oportunidad de diversificar.

- DESVENTAJAS: cuando en lugar de ello se hace mal o se tiene una mala estrategia de marketing, las críticas pueden ser un bumerán muy desagradable y molesto, que frena el crecimiento, o incluso hunde a la empresa en los casos en que no es fuerte o para motivarlas y contrarrestarlas o para poder expresar un número tan alto de ventas que pasan sin ser percibidas. De hecho, en el caso de muchas críticas negativas, los compradores tenderán a frenar su entusiasmo fácil y a profundizar más. A veces se darán por vencidos. Sin embargo, es importante tener en cuenta que << todas las empresas tienen críticas negativas >>, incluso las más populares.

Tomemos un ejemplo: ¿podría alguien vivir ahora sin "whatsapp"? Es la mejor plataforma de comunicación móvil, la primera de su historia y la más extendida, capaz de eliminar el uso de los antiguos mensajes de texto, y ahora se ha convertido en una necesidad para casi todo el mundo. ¿Existen mejores aplicaciones? Tal vez sí: nacieron y hay varias, pero ciertamente menos difundidas y les será muy difícil socavarlas, ya que sigue renovándose, fortaleciendo sus servidores y creciendo. De hecho una de las características que le pertenecen son la absoluta fiabilidad del programa y la potencia de los servidores. Otras aplicaciones similares son tal vez más bellas y agradables, pero no funcionales. ¿Puedes creer que " WhatsApp ", en las críticas 1 a 5 de las tiendas en línea, tiene una calificación inferior a 4? Increíble para algo casi necesario ahora, para comunicarse y trabajar. Sin embargo, llegan muchas críticas negativas, basadas en gustos y episodios completamente personales. La desventaja de una mala crítica es la de caer en la trampa de los llamados " enemigos ", es decir, los descontentos que a veces exageran, dejan su opinión en los comentarios. Los comentarios, que pueden ser tanto expresivos como numéricos para determinar una clasificación, dependerán, por lo tanto, de que no haya demasiados comentarios negativos, que bajen el promedio. Por eso es importante hoy en día tener un buen plan de marketing: hay pocos sistemas para frenar las críticas negativas y dependen de un plan preciso de crecimiento de su imagen virtual, que debe tener la posibilidad de contrarrestarlas: argumentos técnicos, en el caso de que se amplíen los comentarios o la fuerza para dispersarlos teniendo tantos positivos, cuando hay un problema de evaluación. Piense en el mercado en línea y en cuántas veces un vendedor prefiere reembolsar su producto, incluso cuando hay diferencias con el cliente, cuando se teme la oportunidad de recibir una revisión negativa: podría perder mucho más que el valor que nos ha vendido, si sólo siguieran un par de otras revisiones negativas y bajaran su estado de fiabilidad. Por lo tanto, hay que tener mucho cuidado con la comercialización hoy en día, porque a diferencia del anticuado boca a boca, deja un rastro y afecta directa e indirectamente a las ventas. En la restauración es lo mismo, ¡subido a la enésima potencia! El viejo lema << la gente atrae a la gente >> podría modernizarse con << las críticas positivas atraen a la gente >>, pensando en los diversos " asesoramientos", sitios específicos o incluso sólo el índice de Google, donde todo el mundo utiliza el mismo sistema.

Lo que no todo el mundo sabe es que existe "el truco", por lo que hay sistemas diseñados para ser revisados, e incluso verdaderos "profesionales de la crítica" que lo hacen como un trabajo y se dedican a abrir cuentas especiales para hacer lo que es un trabajo real, pero que si se hace bien puede lanzar un producto a expensas de otro. Las técnicas varían a diferencia de los distintos portales, pero el principio es el mismo: << empezar a ser amable y otros en la misma onda de conversación >>. Muchas empresas ni siquiera se dan cuenta de que se equivocan o que van mal, porque al no cuidar su imagen virtual, ni siquiera se dan cuenta de que tienen muchos odios. ¿Fue más fácil y más genuino antes, con el viejo sistema de trabajo? Tal vez sí, o tal vez no: hemos mencionado ventajas e inconvenientes; lo que es cierto es que los antiguos sistemas, todavía muy validos e importantes logros del marketing con fines comerciales, no son suficientes por sí mismos para competir a un alto nivel.

- **EL MARKETING PERMANENTE** Todavía muy presentes, especialmente en ciertos sectores, los volantes y la publicidad luminosa han sido siempre dos vehículos de propaganda muy poderosos. Uno llega directamente a los buzones de la gente y se puede diferenciar en varios formatos como el volante (o folleto), la carta comercial, la carta privada, etc ... Sin duda siempre es un medio poderoso, pero siempre ha tenido el evidente defecto de los altos costos, debido a la impresión (aunque la impresión digital ha reducido mucho sus precios hoy en día), pero sobre todo debido a la distribución, que es un trabajo que se puede hacer de manera ligera y casual o profesional: el trabajo hecho superficialmente es bastante rápido, y produce pobres resultados para la dispersión. En el caso de un servicio más caro y con más garantías, está claro cuánto pueden empeorar los costes; luego añadimos la posibilidad de que después de un esfuerzo tan importante, el folleto no llegue nunca a las manos del destinatario, ya que muchos edificios tienen una "basura" común para la publicidad (¡y no he usado la palabra basura al azar!). El hábito entonces de ciertos propietarios, incluso cuando los folletos fueron encontrados en el buzón, es tirarlos en la mayoría de los casos sin siquiera leerlos. Así que hablemos de un caso aún peor de no hacer marketing: << piensa que lo has hecho >>, es decir que has invertido dinero y recursos y piensas seriamente que estás haciendo algo bien, que en cambio no es tan incisivo. En las grandes ciudades donde el uso de esta técnica de hecho en los últimos años fue desproporcionado, la incidencia ha disminuido notablemente., Incluso si registramos que siempre es un viejo caballo de batalla y si se implementa bien, con la distribución adecuada, es un árbol de hoja perenne.

Lo mismo ocurre con las señales de tráfico, por ejemplo. Hay que diferenciarse y ciertamente la carretera siempre ha sido uno de los lugares de mayor visibilidad. También es un caballito de batalla, pero ciertamente menos perspicaz, en presencia de muchas otras señales, porque se pierde para el ojo y la vista. Así que es importante hacer un estudio de << dónde es rentable colocar las señales >> de forma estratégica según la visibilidad y también según el usuario que se quiera recordar: <<parece un desperdicio de recursos anunciar productos de belleza femenina en una zona industrial, con una densidad principalmente masculina: salvo excepciones, nunca habrá números que devuelvan la inversión, porque el público deseado está en otras

zonas de la ciudad >>. Un ejemplo muy importante de publicidad es en cambio la de "reparación o servicio" bajo el signo característico de una tienda. En los casos en los que se aproxima al lugar deseado, es interesante tener indicadores que avisen de antemano y sobre todo cuando se tiene una señal de localización o de límites técnicos, << apenas visible >>: es necesario considerar la posibilidad de invertir en vallas publicitarias en posiciones estratégicas y de inmediatez, que compensen esta carencia y realcen la tienda.

En la vieja escuela, mencionamos las técnicas relacionadas con los periódicos, la televisión y la radio. Con las diferentes diferencias de costo y tipo, siempre son respetables siempre, porque muchos usuarios acceden a ellas diariamente. A diferencia de los dos primeros medios, estos son " situados " y pueden ser adaptados al tipo de cliente (hay periódicos o radio para todas las edades y grupos de destinatarios sociales). O, por ejemplo, pensamos en la televisión con canales temáticos, en lugar de con franjas horarias: determinar "cuándo y cómo" permite, por lo tanto, ser más incisivo y empezar a desgranar la mayoría del público deseado. Lo que más me gustaría destacar es la incidencia de la radio y la televisión locales, que es absolutamente importante para una empresa. Piense en el mejor restaurante de nuestra ciudad: ¿qué interés tendría ir a la televisión nacional para anunciarse y pagar comisiones muy altas? Podría tener un solo propósito narcisista, pero desde el punto de vista económico sería totalmente demasiado oneroso y poco incidente. Por otra parte, en la televisión local, accedería prácticamente a todos los usuarios deseados, es decir, a los de su propia ciudad, y podría discriminar a los grupos de interés en función de los horarios y la programación, porque al utilizar los servicios de deportes, vestuario y noticias, este tipo de medio de comunicación, con su horario, resulta muy atractivo para quienes quieren estar al día de las noticias relacionadas con su territorio: éste será también el público preferido que se atraerá con nuestro marketing corporativo.

Otro gran clásico es la colocación en autobuses y taxis en las grandes ciudades: es un sistema muy extendido y siempre vigente, pero que, según el número de reproducciones o tamaños, puede resultar muy costoso en términos de costes. y por lo tanto hay que considerar cuidadosamente la oportunidad antes de decidirse a aplicar este tipo de política, que considero muy agresiva e importante.

Podríamos seguir durante horas haciendo otros ejemplos, pero el concepto es que la vieja escuela representa todo lo que siempre se ha hecho en términos de visibilidad más que cualquier otra cosa de la física, que es algo que se puede tocar o mover pero que siempre ha encontrado en el gran límite de los costes de producción o servicio su gran freno, en el pasado a menudo generando cuentas exorbitantes bajo la partida presupuestaria "publicidad": por esta razón, en el pasado existía entre los empresarios la opinión generalizada y quizás entonces veraz, de que << la publicidad no es mensurable >>, es decir, hay que hacerla, ¡pero nunca se sabe qué es lo que realmente te aporta! Los conceptos modernos de marketing, especialmente con la difusión de la publicidad en la web, han cambiado radicalmente este concepto.

- **MERCADEO 2020** La llegada de Internet conmociona al mundo desde el comienzo del nuevo milenio, pero nadie al principio habría pensado que habríamos llegado tan lejos cuando instalamos el primer módem hace años << que hacía silbidos y quejidos >> y fue muy lento en el punto de dejarnos desesperados durante minutos... esperando a ver un sitio web normal. Hoy en día con las modernas tecnologías, y la súper velocidad de navegación, vemos películas y programas en vivo o grabados, hacemos videoconferencias y (consciente o inconscientemente) recibimos continuos mensajes de marketing durante todo el día por parte de todos: por lo tanto la posibilidad de visualizar esta acción es absolutamente constante y extremadamente poderosa, considerando que ya la tenemos en el ordenador del trabajo todo el día y en el móvil del sector privado, incluso de noche. Por lo tanto, la difusión y el derribo de las fronteras es uno de los grandes logros del marketing virtual, capaz de llegar indiscriminadamente a todas partes y de llegar a cualquiera con estrategias bien aplicadas. Otro de los logros importantes se refiere a la reducción de los costos: Internet es virtual y, por lo tanto, no requiere producción y limita el servicio al mínimo. Incluso las técnicas modernas permiten que el propio usuario "autopublique" un anuncio y lo lance, pagando prácticamente sólo una comisión. Últimamente producir publicidad se ha vuelto tan fácil y barato que está al alcance de todos, tanto que uno de los primeros inconvenientes de ello ha sido la pérdida del deseo de invertir capital en publicidad. Por ello hemos pasado de la realización de costosas campañas con vallas publicitarias y magníficas iniciativas, a admitir sólo publicidad gratuita para nuestra empresa, confiando en las diversas aplicaciones de facebook y similares (a menudo totalmente gratuitas), con la convicción y el propósito de que estas acciones son suficientes para "promocionar el negocio": en realidad ni siquiera se conocen muy bien (recordemos que el uso comercial es mucho más complejo que el uso privado) y a menudo es otro ejemplo en el que pensamos en la publicidad de forma incisiva, pero sólo estamos llegando a una pequeña parte de la cuota de mercado, o a unos pocos conocidos y amigos.

- En efecto, una de las consecuencias de la popularidad de la red es que cualquier persona está en línea, ya sea de forma privada o comercial, y por lo tanto, surgen una serie de problemas relacionados que no siempre son conocidos. El primero es de carácter técnico, es decir, las diversas aplicaciones de los medios de comunicación social permiten mostrar un anuncio gratuito sólo a un cierto número de usuarios según un algoritmo: es decir, son excelentes para organizar una fiesta privada para unas pocas docenas de personas (uso para el que fueron concebidas expresamente), pero para llenar una etapa son insuficientes si se utilizan en forma estándar. Por lo tanto, es necesario aplicar ciertas técnicas para hacerlas más eficaces y entrar en la perspectiva de comprender que << el salto de la publicidad super cara en los años 90 a la publicidad de coste cero en 2015 es demasiado grande para una actividad comercial >>.

- Debemos seguir invirtiendo y tener resultados y aplicar las acciones correctas de un marketing dirigido a optimizar los ingresos. De hecho, sólo a través de las inversiones y de ciertas acciones de calidad importante, es posible destacar entre la multitud. Si todo el mundo está en Internet, esto significa que hay que emerger y diferenciarse de los demás, porque obviamente la atención diaria tiene límites y la mente del usuario medio está constantemente bombardeada con mensajes todo el día y todos los días. A continuación entraremos en detalle para ver todas las técnicas más importantes, para destacar una empresa utilizando la nueva generación del marketing comercial virtual y proponiendo la actualización de ciertos conceptos clásicos adaptados al año 2020 con la versión actualizada y la aplicación de las nuevas tecnologías.

- **- LOGOTIPO DE LA COMPAÑÍA:** todo debe comenzar con el logo. El logo es la expresión de una marca, resumida en un dibujo o una inscripción. Debe identificar quiénes somos y qué hacemos, ser atractivo y cautivador y debe dar una sensación de continuidad porque aparecerá en todas las acciones de marketing que hagamos. Es un poco como la tarjeta de presentación de la empresa, pero en una versión virtual aplicable a todo: periódicos, televisión, acciones de Internet, letreros, lista de precios, incluso uniformes y herramientas de trabajo corporativo. A los ojos del cliente, siempre identificará la empresa, recordando primero que existe y luego por qué debe usarla. Los mejores logotipos son simples. Pueden ser coloreados y deben ser absolutamente originales; a veces existe la creación de logotipos surrealistas por parte de empresas del más alto orden y nivel: en estos casos, la imagen virtual que proyectarán se ve comprometida.
- **SIGNO DEL PUNTO DE** VENTA El signo caracteriza la tienda y el mensaje que dirigimos al público sobre nuestro producto. Es muy importante la visibilidad que no sólo depende del tamaño, sino también y sobre todo del "campo visual" de un cliente con respecto a la situación (en una calle peatonal donde la gente se mueve

lentamente, se aplican diferentes técnicas, más que en una autopista deslizante); para tener en cuenta también el factor noche y día donde las nuevas tecnologías nos ayudan absolutamente tanto por un gusto estético típico, como por la flexibilidad y la mayor visibilidad que permiten. Siempre es aconsejable incluir el logotipo y un mensaje sencillo pero impactante y utilizar caracteres muy sencillos que no se amontonen, porque como dijimos antes, el mundo se mueve ahora a una velocidad tal que las cosas complejas se pierden a menudo a la vista.

- **PÁGINA WEB:** Hace años, tan pronto como esta novedad se introdujo y pasó por la aduana, fue bastante fácil hacer entender a las empresas que tenían que tener una página que hablara de ellas de forma generalizada, que explicara sus productos y las pusiera en contacto con sus usuarios. Hay diferentes tipos de páginas web, y no hablo de colores o gráficos, donde hay todo un arte y profesionales especiales, sino que hablo de tipos de uso:

- **PÁGINA WEB DE PUBLICIDAD:** el ejemplo clásico es el del restaurante que publica sus menús, ubicación, algunas fotos y por lo tanto quiere que un cliente encuentre su página para que pueda obtener información y tenga curiosidad por visitar la tienda.

- página web substituta del punto de venta: el ejemplo más típico es Amazon, un gigante del comercio en línea, donde se puede comprar todo lo que se compraría en un supermercado, y de hecho lo substituye completamente, excepto el sector de la alimentación (pero tienen la estructura y la red para hacerlo en el futuro: ¿crees que si hubiera nuevas enfermedades de tipo covid 19, con todo lo que representa, no pensarían en gestionar una venta de alimentos? En cualquier caso, si no son ellos, hay otros de menor tamaño que sí lo hacen y lo están potenciando).

- **PÁGINA DE CURRÍCULUM WEB**: Prácticamente es una página profesional donde un profesional o trabajador ofrece su propia persona y se pone a disposición de los servicios. - WEB PURA: página de actividad online o servicio online. El ejemplo más típico son las páginas temáticas dedicadas a los vídeos, por ejemplo: gratuitas por medio de banners publicitarios o de pago por suscripción, realizan su función directamente desde su plataforma virtual. Todos estos modelos y otros son absolutamente esenciales para llevar a cabo su negocio, pero todos carecen de marketing: no basta con tener una página web. Volvamos al ejemplo de << creer que estás haciendo una acción >> que, sin embargo, en realidad no es incisiva. Una página web es de muy poca utilidad si no se encuentra fácilmente y hoy en día encontrar cosas en el caos de la información de Internet es realmente complicado. Tener una página web y luego no aplicar ciertas acciones para mejorarla, es como tener un restaurante ubicado en una calle súper secreta que es muy difícil de encontrar. Claramente el público potencial cambia. Lo primero que hay que explicar es que por lo tanto la página web debe ser posicionada en los motores de búsqueda, a través de palabras clave y otras técnicas de marketing que aumenten su visibilidad. Si la gente empieza a encontrarla, y en segundo lugar a encontrarla atractiva, los números de visibilidad aumentarán de forma algorítmica porque los distintos motores de búsqueda siempre favorecen las mejores páginas web, a expensas de las menos buscadas. Esto es fundamental, porque muchas veces es la fina línea entre el éxito o el fracaso. Con diferentes lógicas y algoritmos, es un poco como lo que sucede con los portales inmobiliarios cuando pones tu casa en venta: ¿crees que es importante permanecer visible en la parte superior de la lista de anuncios o es lo mismo tener un anuncio mal catalogado? La respuesta es que a veces, cuando es muy específico o muy especializado, lo encuentran de todas formas, quizás con más esfuerzo, pero no cambia mucho. Pero en asuntos de grandes números, ¡muchos cambios! De la misma manera, indexar su sitio web y tenerlo presente en las primeras páginas de los buscadores mejora tanto el sitio en sí como su empresa y, por lo tanto, hace que la acción de marketing emprendida sea eficaz.

- Otro discriminante es el contenido del sitio. De nuevo, no me refiero sólo a cuestiones estéticas. Fui el primero en cometer el error de querer poner todo en el pasado muchas veces. Es obvio que el sitio online de un comercio electrónico tecnológico debe poner todos sus televisores, todas sus computadoras, todos los productos del hogar que tiene, y cuanto más cosas hace, mejor es: esto es porque está vendiendo una "lista de productos". Pero en la mayoría de los casos el producto es sólo uno o son pocos y al crear el sitio se tiende a escribir mucho, por lo que a menudo se pierde información útil. La página web debe ser fácil e intuitiva y presentar los productos y servicios esenciales. Debe tener una gráfica simple pero atractiva y debe tener cohesión con la tienda física si la hay.

- Para compensar estas deficiencias y también con el fin de vender, se ha introducido recientemente el concepto de páginas de aterrizaje que no son más que otras páginas web relacionadas, que a menudo se refieren a la página web principal, pero creadas específicamente con el fin de vender. En otras palabras, como el sitio web está muy disperso y debe contener mucha información, se lanzan páginas más fáciles de indexar que recuerdan los principales detalles, pero que gráficamente son aún más intuitivas y minimalistas, que tienen un mensaje claro y que atraen al cliente. Tal vez promocionando un regalo o con algún artificio absolutamente comercial. Evidentemente, éstos se indexan a su vez en los motores de búsqueda mediante técnicas de comercialización, pero sobre todo su uso se está volviendo especialmente interesante en la aplicación comercial de los medios de comunicación social, en los que la atención siempre se ve socavada por un exceso de información y se necesita un impacto muy simple.

- **LOS MEDIOS DE COMUNICACIÓN SOCIAL:** Al igual que todo el mundo utiliza "whatsapp", todo el mundo sabe hoy en día lo que es facebook, twitter, instagram y todas las diversas variantes de medios sociales del mercado, que difieren en tecnología y audiencia potencial. Los medios sociales son coleccionistas de personas que les permiten mantenerse en contacto e interactuar virtualmente escribiendo textos, publicando fotos y vídeos y con decenas de otras funciones más complejas y variadas según el género. La primera, la más famosa y conocida es facebook, que ahora está presente en prácticamente todos nuestros hogares. Fue sin duda una de las mayores innovaciones de los últimos veinte años porque mejoró la comunicación y permitió romper las barreras sociales, que hasta hace pocos años parecían insuperables. Es evidente que, como en todo, por otra parte, también ha traído muchos problemas, como el nacimiento de las famosas "noticias falsas", es decir, las noticias falsas, ficticias, distorsionadas, o los conflictos interpersonales reales, por las más variadas razones. Por otro lado, sin embargo, también fue un medio comercial muy poderoso porque quienes comprendieron a tiempo la aplicación y la importancia de estos medios publicitarios, estudiaron el algoritmo y comprendieron cómo optimizar las campañas de marketing para llegar a más personas: un mismo anuncio puede llegar sólo a 1000 personas en lugar de cien mil, dependiendo de las políticas adoptadas. Desgraciadamente, en este caso el hazlo tú mismo siempre ha tenido la percepción de llegar a todas partes del mundo (y potencialmente es porque realmente no hay barreras), pero los creadores del algoritmo, una vez vista la amplia expansión de la plataforma, tuvieron que poner algunas restricciones, entendiendo primero que por ejemplo << que organizaron un concierto popular en el centro de Madrid, era inútil que fuera visible en Nueva York >> y de forma más restrictiva, que era visible incluso en el sur de España se desperdicia.

Potencialmente un neoyorquino, por su parte, siempre puede buscar y encontrar este evento, exactamente como todos los eventos publicados en el mundo, en cualquier lugar que se encuentren, sin embargo, a menos que tenga una relación directa con el organizador o un conocido, o no esté interesado en ese nicho, en teoría "no le interesa" y por lo tanto es correcto que no lo vea. (este es el sentido del algoritmo de facebook). Por lo tanto, el uso libre y estándar de Facebook, incluso si puede darnos la sensación de poder llegar a todas partes, es en realidad limitado: estamos "apuntando" sólo a nuestro propio círculo de amigos, mientras que los otros usuarios potencialmente interesados se pierden en el mar de información de las miles de propuestas presentes.

Para remediar este tipo de operación, se han introducido páginas comerciales en Facebook, con el objetivo de permitir el registro de personas interesadas en un determinado tipo de actividad y, por tanto, de ponerse en contacto con ellas directamente. Probablemente otras plataformas tienen otros artificios u otras lógicas, pero el sentido común es el mismo: en cuanto a la página web, el problema de aparecer en un contenedor donde hay muchos mensajes, es absolutamente prioritario de resolver. No es posible pensar que un cliente potencial vea todas las publicaciones o todos los anuncios: aquí las técnicas de comercialización intervienen para mejorar el encanto de los anuncios más que la eficacia de las campañas publicitarias. El primer objetivo siempre es que <<el mayor número de personas vea la existencia de su anuncio y en segundo lugar que decida leerlo >> porque ha atraído su atención. Volvamos a hablar de las páginas de aterrizaje que se pueden insertar en un anuncio de texto con el objetivo de convertir esa atención recibida en una venta, o de vídeos o imágenes muy atractivas que deben llegar a producir la atención de nuevos clientes. La gran noticia es que hasta ahora hemos hablado de todo esto, pero prácticamente sin coste alguno (servicio gratuito de facebook), es decir, en la modalidad estándar: el problema de este tipo es que es muy limitado, porque la situación no es que el gestor lo tenga, sino que depende de forma aleatoria de un cliente que decide suscribirse a su página o a su círculo personal de amigos. Entre otras cosas, estos usuarios potenciales no son considerados todavía como "clientes reales" porque pueden ser simplemente curiosos o no tener un interés específico en "comprar" (recuerde que el producto, u objetivo, puede ser físico, pero también simplemente anunciar su empresa o su profesionalidad). Por lo tanto, la tasa de conversión (es decir, la capacidad de transformar un contacto en una venta) es muy baja, y por lo tanto podríamos hablar de << mucho ruido para nada >>, con ligeros efectos sobre la difusión de ciertos mensajes o de un cierto nivel de publicidad ", pero absolutamente no relevante en positivo para crear ingresos. Por el contrario, podría atraer a los enemigos, y luego no tener el suficiente potencial para contrarrestarlos y puede ser muy perjudicial para nuestra empresa.

- ¿Cómo pueden los medios de comunicación social convertirse en un instrumento de provecho para una empresa y producir ganancias? El llamado público orgánico es un buen punto de partida para medirse al principio y entender la lógica del mercado, pero no es en absoluto suficiente y por sí solo nunca producirá, en la medida en que pueda presentar altos números de interés, ingresos reales . Para optimizar la herramienta social a nivel profesional, la única respuesta es invertir y planificar, luego comercializar.

- <<¿Cuándo en la historia del comercio algo que es gratuito produce ingresos y ganancias? >>. Respuesta << nunca! >>, palabra ya incluida en la pregunta.
- Si no se paga se puede sobrevivir, ganar algo, pero en la gran mayoría de los casos es totalmente insuficiente para manejar el marketing de toda una empresa. La publicidad debe ser pagada y por lo tanto, recordando los modelos de la vieja escuela, sólo tienes que estar contento de pagar tan poco, pero tienes que acceder al paso pagado, porque de lo contrario no avanzarás. Volviendo al ejemplo de Facebook, existe un servicio de pago que es precisamente el ADS de Facebook, que no es más que tomar el mismo anuncio y proponerlo en un mercado completamente diferente y seleccionado; según los parámetros que decidamos, nos permite hacer llegar el mensaje sólo a determinadas categorías. Otra gran innovación, hablando del precio, es que cada uno decide cuánto invertir en cada anuncio. Es una gran noticia, porque ahora somos conscientes de que pagando un poco podemos ir a decidir quién recibe nuestro anuncio y quién no: podemos discriminar la edad, el sexo, el área de residencia, los intereses particulares de esta persona y por lo tanto dirigirnos a un cliente modelo ideal.

- Habrá elementos estadísticos para comprobar el progreso y la calidad de sus acciones de marketing y las tasas de conversión, y luego medir la eficacia de la publicidad, que con los métodos de la vieja escuela era indescifrable. Está realmente bien hecho y es una poderosa herramienta de marketing. Sólo hay un pequeño y antiguo problema << la correspondencia llega al buzón, pero al ver que el cliente está anunciándose la desecha >>: por lo tanto también podríamos llegar al cliente perfecto, pero si llegamos con un mensaje incorrecto, ya sea trivial o no intuitivo, el esfuerzo habrá sido inútil: por lo tanto de nuevo para subrayar la importancia de las páginas de destino o cualquier cosa que enviemos a nuestro usuario final: debe ser simple pero de calidad, y debe diferenciar y convertir la acción en venta o en el objetivo que se propone.

- **YOUTUBE**

    Para Youtube, sinceramente me gustaría hacer un discurso separado y no encerrarlo en la categoría social. En cierto sentido lo es, porque la gente puede reaccionar a través de los comentarios, pero por otro lado nació como una plataforma para vídeos musicales y se hace tan popular que ahora se convierte en el contenedor más popular de cualquier vídeo en el mundo. De hecho, hoy en día hay vídeos de todo tipo, desde pequeños recortes de películas hasta la película completa, desde vídeos musicales hasta la discografía completa de un autor; pero prestemos atención a la aplicación publicitaria absolutamente innovadora: ésta fue por ejemplo uno de los vehículos más incisivos de la divulgación de lo que es la publicidad "ad hoc", es decir, la que sale del margen de una acción cotidiana y normal, como buscar una canción en Internet, y casi inconscientemente la " se paga" al ser sometida a un anuncio al principio del servicio o aparecer a un lado durante el mismo. Hay muchos sitios famosos, con gran tráfico de visitantes, donde se publican anuncios publicitarios, que son los verdaderos patrocinadores de esos servicios. Para acceder a él existen políticas de pago de ADS que deben ser necesariamente un estudio de marketing: hay "pago por clic", u otros dispositivos, por los que se puede personalizar una campaña real. Y aún más interesante es el <<sistema intuitivo de interés >>: hasta ahora, los buscadores y los cokiees (mensajes automáticos ricos en información, que se envían a los buscadores de los sitios más visitados) son ahora posibles campañas publicitarias que actúan << sobre los intereses y la memoria >> del navegador virtual. Por ejemplo, si una persona busca en la web de Ikea, el gigante mundial del mueble, un producto de su tienda virtual, ese producto se clasificará de alguna manera, y quedará en la memoria, por lo que es posible que, fruto de elaboradas campañas de marketing, nos encontremos al día siguiente replanteando el mismo producto u otro similar en algún banner, cuando vayamos a visitar cualquier otro sitio de nuestro interés (a veces en la misma categoría, pero a veces incluso en términos de diversión o que no tengan nada que ver con ver con una compra). ¡Imagina qué canal publicitario es más impactante y fácil de usar que una plataforma de películas, música y diversos intereses como Youtube! Así, un empresario podría intervenir a nivel de marketing creando campañas inteligentes y muy modernas con estos sistemas y siempre discriminando el tipo de cliente, y teniendo control sobre el número de anuncios vistos y el número de clics.

En cualquier caso, otro de los usos más interesantes desde el punto de vista comercial es el llamado tutorial o guía de vídeo, donde los expertos del sector publican vídeos que suelen ser muy útiles sobre "cómo resolver un problema": hay desde vídeos de cocina sencillos hasta los más complejos, mecánicos; desde vídeos de profesionales explicando ciertas situaciones hasta vídeos de empresas explicando las etapas de una producción. Por lo tanto, es sumamente importante desde el punto de vista estratégico por dos razones principales: la primera es que una persona verdaderamente capaz puede crear un vídeo que ilustre su profesionalidad, y mediante el instrumento de ofrecer una demostración gratuita, accesible a todos, atraer a nuevos clientes. . La segunda es que, con fines publicitarios, sólo para darse a conocer, atraer a un gran número de público e incluso en algunos casos monetizar directamente desde la web, gracias a la gran visibilidad que luego se remunera. De hecho, no todo el mundo sabe que Youtube es propiedad de Google (el motor de búsqueda más importante del mundo) y por lo tanto sus vídeos suelen ser muy indexados y empujados si reciben visitas, lo que para Google es sinónimo de ser interesante.

Google y Facebook, hasta la fecha, son las dos guías de búsqueda más poderosas del mundo, ya que cuentan con la información más detallada de los clientes potenciales y tienen la mejor tecnología disponible en el mercado, así como aplicaciones. El problema entonces, aquí como antes, es salir del desorden de mensajes y vídeos subidos a la plataforma, y a menudo nos encontramos con que un vídeo hermoso y súper interesante tiene muy pocas vistas, a expensas de uno mucho peor, que cubre el mismo tema y tiene miles y miles de vistas. Entonces, ¿cómo se consiguen ciertos resultados? Youtube, como todas las plataformas, tiene interés en que sus clientes estén constantemente conectados, por lo tanto recompensa la cantidad de vídeos subidos: los propios expertos confirman que casi nadie que publique un solo vídeo puede hacer grandes números: por lo tanto, promueven el auto-abastecimiento de la plataforma invitando a hacer vídeos. Esta cosa, por un lado atrae a personas muy competentes que ofrecen interesantes vídeos técnicos o curiosos, expresiones artísticas y consejos muy útiles. Por otro lado, atrae en cambio el ansia de protagonismo de algunos otros personajes, que con el objetivo de " destacar " (o con el objetivo de << hacer un trabajo, que a menudo no pueden hacer >>), producen vídeos totalmente cuestionables en términos de calidad y contenido . Estos sujetos obviamente bajan la calidad media de las producciones de vídeo y dispersan "el potencial de ser vistos" por los demás: lamentablemente no hay filtro de gusto, por lo que es evidente que son las reglas del juego. Por si esto fuera poco, los vídeos de mala calidad son muy populares y muy populares entre el público e incluso, casi por una especie de "justicia inversa", tienden a obtener muchos puntos de vista, y por lo tanto estos personajes continúan muy gustosamente en su producción. Hablando de bienes raíces, por ejemplo, esto es lo que sucede a veces con los vídeos de excelentes profesionales, que hacen estudios de mercado absolutamente veraces y útiles, a expensas de alguien que "pretende ser un agente inmobiliario" y a veces dice todo lo contrario, sin sentido, y por lo tanto confundiendo el trabajo correcto del otro, además. ¿Cómo combatir este fenómeno y hacer que el público entienda que es "el mejor"? En primer lugar invirtiendo, porque exactamente como sucede con Facebook, hay un plan pagado para impulsar su producción, conectado al ADS de Google: entonces con la fuerza de los números, exhibir una credibilidad diferente de sus vídeos (sé que parece una pequeñez). En segundo lugar, hay una estrategia de palabras clave que You Tube permite implementar y que se lee según su algoritmo. Comprender las palabras clave a introducir para posicionarse, de manera que un posible cliente nos encuentre antes que otros, es esencial y marca la diferencia. En tercer lugar, existe el habitual sistema de reseñas y comentarios que podrían dar indicaciones sobre vídeos buenos y no tan buenos, pero lamentablemente, en este caso son actualmente detectables, por lo que es posible que los temas de los que hablamos los oculten. Advertencia: Digo que es bastante lamentable, en términos de números, porque con un vídeo sensacionalista, un sujeto podría llegar a tener muchos clics, pero obviamente entonces un cliente potencial verá el vídeo y opinará: es evidente que en ese momento entenderá si el vídeo o el personaje no tiene calidad (pero el clic ya será contado), y en este punto probablemente interrumpirá la visión, buscando otra más profesional: claramente esta estrategia trae fama, pero no convierte a los clientes potenciales en clientes reales. Como profesional, prefiero unos pocos clientes cualificados y seleccionados, que vean un vídeo mío y tal vez se conviertan en clientes reales, en lugar de tener miles de seguidores registrados, tal vez los más descontentos, que no me llevan a monetizar nada ni siquiera con el tiempo. La calidad siempre paga, al final, y por lo tanto también "quien publica" debe entonces decidir qué << trabajo hacer en la vida >>: si el artista o el profesional; de hecho, a largo plazo, estos fenómenos se cansan y la gente pierde el interés, o pierden completamente la credibilidad cuando demuestran un contenido escaso, o un conocimiento muy áspero de los temas tratados, o teorías extrañas. Así que personalmente a las empresas e inversores les recomiendo vídeos de calidad, con técnicas de marketing aplicadas, no enfocadas al sensacionalismo, sino absolutamente profesionales, dirigidos a un propósito de negocio, demostrando la seriedad y la bondad del producto. Las ventajas de invertir en este tipo de plataforma son que, a menudo, es el usuario el que entra aquí buscando una solución, y no la empresa la que va a buscarla; además, los vídeos son muy fuertes en términos de comunicación: más grandes que una foto, pero menos dispersos que un folleto. En un sistema moderno todo es muy visual, y poca gente lee, al menos en este tipo de situaciones: se busca una solución rápida e impactante. También son modulares, pudiendo variar, además de los temas, el estilo más serio, el uso de audio o subtítulos; Por último, no olvidemos la ventaja y la conveniencia de "mostrar algo" en tiempo real, mientras el usuario nos emula al otro lado de la pantalla. Si luego aprendemos a invertir, a utilizar las palabras clave correctas y a invertir en ADS, logrando tener algunos vídeos de moda, nuestro negocio podría aprovechar una visibilidad totalmente exponencial y por lo tanto crecer visiblemente.

- **LISTA DE VENTAS o TARJETA:** al salir de Internet, me gustaría acercarme a algo que fue parte de la vieja escuela, pero que ha sido objeto de una " adaptación " absolutamente actual a lo largo de los años y que se conecta con el mencionado escenario del bar, y buscando la consistencia y homogeneidad entre el producto-punto de venta y la comunicación.

Desde tiempos inmemoriales una empresa de cualquier sector siempre ha tenido una lista de sus productos, por lo que es bien conocida la cuestión y la importancia de tener un pedido y una interesante variedad de productos para ofrecer. Sin embargo, su aplicación es aún más interesante, por ejemplo, en el sector de la gastronomía, donde creo que debe contextualizarse en un concepto moderno. De hecho, lo que antes representaba sólo << la lista de platos que se ofrecían en un restaurante >>, hoy en día, a menos que estemos hablando de nichos de élite, o de gestión familiar, debe ser estudiado para optimizar los costos - recibir, a través de un estudio que ciertamente tiene en sus fundamentos << la mejor calidad 'al precio más accesible posible >>, para producir grandes cantidades. También debe representar el espíritu y el carácter de la tienda. Desde esta perspectiva, por lo tanto, componer una buena tarjeta o lista se convierte en una acción de marketing, y no sólo en un uso instrumental y práctico de una lista. Los mayores cheffs / empresarios de la televisión, en sus programas temáticos dedicados, cuando van a proponer un "cambio de imagen de un local", también y sobre todo trabajan en el "papel", con atención a la demanda / oferta, a la capacidad del punto de venta de poder expresar una cierta producción, con lógicas de precio, con lógicas de novedad y contextualización en el sitio: si pensamos en Inglaterra en Gordon Ramsey (del programa "Cucine dell'Inferno") y en España en Alberto Chicote ("Pesadilla en la cocina"), son dos conocedores, que con un equipo muy profesional, intervienen en el lugar desde una estética, marketing y por lo tanto también y sobre todo cambiando la oferta de productos, para dar una nueva personalidad a los distintos sitios de restauración. Entre otras cosas, recordamos que "esta es mi especialización personal", y para ello colaboro con sitios como www.bares360.es donde precisamente se promueve este tipo de marketing y servicios.

Cualquiera puede estudiar una " tarjeta "; pero estudiar una tarjeta que se pueda convertir en ventas, para optimizar los ingresos, es un trabajo mucho más elaborado y complejo, exactamente como todas las demás técnicas analizadas hasta ahora, que están al alcance de todos de forma gratuita o intuitiva, pero que sin duda tienen una " potencia de fuego " diferente si un profesional las utiliza.

- **- ORGANIZACIÓN DE EVENTOS COMO PLAN DE MERCADEO:** anteriormente habíamos propuesto el ejemplo de una sala con una zona de entretenimiento, que organiza eventos, con una estrategia precisa de aumento de la participación y del valor de la marca. La mayoría de las empresas utilizan los eventos con el único propósito de atraer a la gente y darse a conocer, o aumentar los ingresos en determinados momentos puntuales. Pero visto desde una perspectiva comercial, es necesario pensar que cada seguidor de un artista o de un espectáculo puede convertirse en un cliente potencial real, y a su vez generar nuevos flujos de clientes una vez leales, porque nos recomendará a otros. Visto así, hay que tomar decisiones comerciales muy interesantes sobre el estilo de los espectáculos, más que sobre los nombres de los artistas y, obviamente, sobre el costo: de hecho, cada tipología podría tener un público diferente por disponibilidad económica o edad, y por lo tanto es interesante utilizar la organización de los eventos para planificar una estrategia de crecimiento en el tiempo destinada a formar un cierto tipo de cliente, afín a nuestro negocio, y no sólo utilizarlo como una simple "noche", con el fin de hacer una colección interesante. En estos casos, también es necesario reflexionar sobre las políticas y servicios de pago de entradas y los espacios accesorios para generar ingresos: la ubicación del área de alimentos, el área de bebidas, por ejemplo. A veces he visto en mi larga experiencia del local, conciertos completos llenos de gente, pero que el organizador no pudo convertir correctamente en ventas, por falta de organización, porque abrumado por el inesperado número de usuarios, por la incorrecta disposición de los puntos sensibles a unirse a la colección. Por lo tanto, es muy importante planificar algo que atraiga al público, estudiar qué tipo de público es entonces y cómo poder optimizar los ingresos dándoles el servicio principal y los accesorios, y todo ello con el fin de obtener a la vez un gran ingreso, pero también cultivar algo importante a lo largo del tiempo, que se multiplique, que aumente el valor de la empresa y de la marca.

- **- RECURSOS HUMANOS COMO FUENTE DE COMERCIALIZACIÓN:** todos hemos pasado por una zona de comercio y nos hemos encontrado con jóvenes que se acercan y nos ofrecen visitar un lugar de venta de productos: las clásicas relaciones públicas, las relaciones públicas, que promueven la tienda en la calle o en la forma más avanzada de la noche que organizan fiestas y eventos en discotecas, moviendo cantidades de gente y trayéndola a la tienda. El mínimo común denominador es "atraer la atención" y es la forma más conocida y extendida de marketing de recursos humanos. Obviamente, estos soportes tienen un costo y pueden ser más o menos válidos, dependiendo del período, las capacidades y lo que se quiera promocionar. Sin embargo, hay otros recursos humanos adecuados para promocionar una tienda que en cierto sentido podrían hacerlo sin aumentar los costes: los empleados. De hecho, los empleados son una de las fuentes naturales del marketing corporativo, ya que a menudo son "la imagen que habla al público" y, por lo tanto, son en todos los aspectos los sujetos que deben enviar mensajes absolutamente positivos y alineados con el estilo de la empresa en la que trabajan. Pensemos por un momento en lo que es una poderosa acción de marketing <<llevar un uniforme con el logo de la empresa >> para cada empleado. Crear uniformes de este tipo, al principio, parece ser un coste evitable, pero al final es una operación de marketing muy avanzada porque los clientes muestran constantemente el logo de la empresa y queda grabado en la mente, y la gente que pasa (piense en el ejemplo de un paseo marítimo) ve el logo, quizás la sonrisa de los que representan la empresa, y se acuerdan y quizás se sienten atraídos a probar la experiencia. Luego pensamos en el "boca a boca" y en las amistades de los propios empleados: estas latas, con su buen hacer, hacen que una empresa tenga la sabia clientela constante, que es fiel al trabajo bien hecho de quien realiza el esfuerzo en la tienda. Por el contrario, es evidente que esto puede afectar negativamente cuando se tienen empleados desmotivados o incluso incapaces. Así también la selección de los recursos humanos, por sexo, edad, capacidad, actitud, puede ser una importante elección de marketing porque produce consecuencias directas de trabajo e indirectas desde el punto de vista de la comunicación que a la larga afectan a los ingresos de la tienda. Siempre ha existido el viejo sistema de equilibrio entre empleado y trabajador, y a veces uno u otro se queja de la otra parte: encontrar el equilibrio perfecto es una acción de planificación empresarial difícil, pero necesaria: por lo tanto, se necesita flexibilidad por ambas partes, para un único propósito común, que es el del bien empresarial. De hecho, ambos cuando las cosas van bien tienen " ganancias". Si en cambio van mal, probablemente todo el mundo tiene que perder. Nunca menospreciamos este tipo de comercialización, porque es fundamental, y sobre todo un buen empleado lo aplica naturalmente sólo por hacer bien su trabajo, por lo que no es en absoluto un costo adicional. (Un mal empleado, por el contrario, genera pérdidas y problemas).

<Da igual que tomes las mejores fotos o vídeos si nadie los ve.> LV

Capítulo 4: El mejor agente inmobiliario para inversiones comerciales: bienes raíces y activos

En cuanto a este estudio, debo señalar una distinción muy radical: en el campo de las propiedades comerciales, entendidas como terrenos, tiendas, hoteles, centros comerciales, donde se vende el "contenedor vacío", hay muy buenos y renombrados agentes inmobiliarios, que tal vez, con las diferencias del caso, son también los mismos que se ocupan de las propiedades residenciales. Las reglas cambian, pero la esencia es la misma y normalmente se encuentran agencias inmobiliarias bien organizadas y estructuradas que pueden ofrecer un servicio de calidad.

En cuanto a las actividades comerciales, tengo que hacer una clara distinción y decir que << no todos los agentes inmobiliarios saben manejar correctamente la "venta de actividades comerciales>>". Esto se debe a que, aparte de las características comunes y estándar que debe tener un agente inmobiliario, debe tener habilidades adicionales y específicas, que describiremos con un párrafo especial. La ausencia de estos conocimientos (o experiencia en este campo específico) permite frenar la venta de la actividad comercial sin saberlo. Un error, incluso a nivel de pura información, puede hacer que se pierda un cliente y se venda. Debemos tratar todo con absoluta delicadeza, porque muchas veces debemos tratar de hacer "ventas de actividades" con la empresa en pleno funcionamiento, y necesitamos una privacidad absoluta, para no comprometer el valor del fondo comercial y socavar la tranquilidad de los empleados:

Es evidente que poder vender algo que ni siquiera se puede promocionar demasiado, es una tarea muy difícil y para ello se necesitan procedimientos específicos y precauciones especiales, que van más allá de la promoción inmobiliaria ordinaria: se trata de un producto específico, que como tal debe ser tratado en su particularidad y delicadeza.

LAS FUNCIONES PROFESIONALES
"Un buen agente inmobiliario puede evitar ciertos errores a la hora de comprar una casa, enseñando a darle el valor correcto en función de las acciones a realizar, la posición y las oportunidades de mercado". En cuanto a los inmuebles comerciales, puede hacer lo mismo cuando está acostumbrado a trabajar y tratar con empresarios y tiene una mente abierta para entender sus necesidades. También dijimos que a los compradores les encanta confiar en la agencia porque les ofrece un servicio prácticamente gratuito, un control y la posibilidad de comprender exactamente qué casa están buscando: esto significa que en lo que respecta a la propiedad "física", el sistema y los profesionales tradicionales están completamente a la altura y deben tener los mismos requisitos que se exigen al mejor agente inmobiliario del sector residencial, que resumiremos a continuación.

"Entonces, ¿por qué un vendedor normalmente es tan reacio a confiar en cualquier profesional, en cualquier campo que opere? La respuesta es muy simple: un poco por los propios vendedores (y lamentablemente a veces por los propios profesionales). Los vendedores, en general, quieren todo e inmediatamente en sus condiciones sin tener que pagar nada: les gustaría tener el servicio, tener el cliente, pero nunca querrían tener limitaciones y tal vez ni siquiera querrían pagar la comisión adecuada: se sienten víctimas del sistema. A veces el profesional, lamentablemente por su parte, no siempre está a la altura: como en todas las profesiones hay quienes se destacan por su integridad, dedicación y aptitudes que les permiten producir resultados y un buen trabajo, y en cambio hay muchos que lo hacen como un segundo trabajo o que no tienen una estructura o preparación adecuada: ciertamente no siempre es fácil distinguir uno de otro, sin embargo, por ejemplo en los Estados Unidos, donde no hay venta de particular a particular porque todos compran sólo con la agencia, hay verdaderas entrevistas con 5-10 agentes antes de confiarle la propiedad. En el campo de los bienes raíces comerciales, en cambio, en lugar de tener una elección de agentes, es necesario poder encontrar algunos agentes tal vez especializados en este ramo, si se quiere tener un servicio extra ".

Las principales características profesionales del mejor agente inmobiliario en general son:

- **Estudio y entrenamiento:** "En algunos países se requieren más, en otros menos, habilidades adquiridas a través de los estudios y la práctica. Confiar en un agente inmobiliario con una cualificación garantiza un determinado método o una determinada formación y conocimientos que una persona improvisada no puede tener".
- **Conocimientos especializados en su sector:** "parece obvio, pero en la práctica no lo es tanto. Un buen agente inmobiliario necesita conocer sus productos y cómo tratarlos. Debe conocer la dinámica del mercado para anticiparse a los tiempos. Debe conocer los procedimientos y las etapas de una negociación de principio a fin. Debe conocer las regulaciones y todo lo que pueda estar relacionado con la propiedad".

En el campo de las inversiones comerciales, estas habilidades deben ser aún más pronunciadas, ya que casi siempre se da por sentado que hay que tomar medidas para restaurar la propiedad o establecer un negocio y por lo tanto es esencial saber qué es lícito hacer y qué no, según el tipo de propiedad o negocio que se esté planeando. Informar incorrectamente en esta etapa puede ralentizar considerablemente la operación o perjudicar su éxito: atención, nadie dice que se tome como "oro" la información que proporciona el agente inmobiliario: el inversor se encargará de compararla y verificarla en las instancias oficiales correspondientes, pero seguramente el profesional puede dar una idea general y una perspectiva de la buena voluntad de la operación. En cambio, debe tener cuidado de no crear falsas expectativas, tanto para hacer un trabajo correcto, como para ganarse la confianza del inversor, que durante la fase de control encontrará la confirmación de lo que se había previsto y, por lo tanto, comprenderá el valor de colaborar con su agente.Specializations:

"Normalmente los mejores agentes inmobiliarios tienen su nicho o área favorita. En segundo lugar, pueden extender su sistema y contactos en un área mucho más grande, pero siempre hay un tipo básico. Otras especializaciones pueden ser, por ejemplo, la preferencia de trabajar para un turista, más que para un residente, en el área de las inmobiliarias, lo que es muy diferente a trabajar por ejemplo en el sector de la propiedad comercial o incluso poder ser intermediarios para comprar y vender actividades comerciales (por ejemplo, licencias de bares y restaurantes en lugar de estudios profesionales, etc. ...) ". En mi próximo libro, por ejemplo, también se hará un análisis a fondo del sector de la inversión comercial porque es un campo aún más complicado que merece un debate aparte. Es evidente que el hecho de tener tales especializaciones técnicas debería hacernos comprender la importancia que puede tener un agente X para un agente Y, que no tiene este tipo de formación o habilidades.

En este libro es evidente que hemos destacado las cualidades complementarias que pueden hacer que un agente común se convierta en un experto del sector, tanto en el ámbito inmobiliario, como sobre todo en las actividades comerciales. En este sentido, me enorgullece recordar que he creado un curso especial para profesionales inmobiliarios, que trata el tema de la " intermediación comercial ", con consejos legales y reglamentarios, pero sobre todo orientado a optimizar las ventas de las actividades comerciales más conocidas y comunes que realizan diariamente: la venta de bares, restaurantes, discotecas, hoteles. A través de esto, que es el ejemplo más popular de "empresa montada en un inmueble comercial", se pretendía hacer comprender el proceso de venta, las normas, los secretos de un profesional experto en esta rama particular del sector; nociones también sobre el nicho de referencia y procedimientos para evitar inconvenientes y problemas al trabajar con este producto. El curso en vídeo se denomina "la venta de activos, una historia real", y hay seis lecciones de orientación práctica para optimizar las habilidades y las ventas de un agente inmobiliario, en este sector en particular.

- **Marketing del siglo XXI:** "El uso de los medios sociales es muy importante, además del trabajo tradicional en los portales inmobiliarios, pero esto no significa sólo poner tu anuncio en tu facebook, donde sólo unos pocos amigos lo verán. "En facebook está el mundo entero", pero hay que preparar los anuncios pagados de cierta manera y lo mismo ocurre con instagram y cualquier otra aplicación, incluyendo los vídeos en youtube: ¿has visto alguna vez en youtube vídeos maravillosos a los que llegas por casualidad y que sólo tienen 30 vistas? No importa si tomas las mejores fotos o los mejores videos si nadie los ve! El buen profesional de hoy en día sabe cómo utilizar estos medios para llegar a más gente".

En el campo de la inmobiliaria comercial, aparte de esto hay todo lo que no se dice, es decir, un sistema de relaciones que hay que crear y cultivar, que llevan, a veces de forma totalmente aleatoria, a tener información "de primera mano": ocasiones particulares que todavía no se comercializan, o que se venden confidencialmente sin anunciarse (una de las cosas más importantes que enseño durante el curso es, por ejemplo, cómo vender algo publicando con la máxima discreción y cómo comportarse en este caso concreto), o rumores de próximos cambios urbanísticos que, por lo tanto, afectarán a la vida de las tiendas del barrio, más que a un cambio de legislación. Por lo tanto, es necesario estar informado, tanto sobre la obra tradicional como sobre todo el mundo complementario que gira en torno a ella, para estar siempre un paso por delante y poder asesorar al cliente, así como asegurarse de llegar primero y obtener así resultados importantes.

- **Estructuración, organización:** es bien sabido que más de la mitad de las ventas inmobiliarias se realizan por contacto, es decir, por contacto directo con un cliente o un conocido de su cartera (o compartido con otra agencia que trae su propio cliente). Antes no existían redes, mientras que hoy en día existen acuerdos y colaboraciones entre agencias que permiten ofrecer el mejor servicio a su cliente de ventas. En el sector de los negocios, el problema es que no todos los agentes inmobiliarios tienen esta formación de 360 grados que se mencionó anteriormente.

Por lo tanto, es igualmente importante entrar en el sistema de intercambio y de conexiones en red (porque se puede obtener una mayor visibilidad), pero solo en un sistema instalado para propiedades residenciales, no satisface todas las necesidades de una empresa que quiere invertir o necesita rendirse. Aquí sólo se puede suministrar la preparación personal de algún agente inmobiliario con una formación especial que utilice sus habilidades y experiencia personal, combinándolas con las herramientas técnicas puestas a disposición por su agencia.

- También existe la mala costumbre común en los propietarios de aplicar el " hazlo tú mismo " incluso en este caso, pero no suelen tener en cuenta la competencia de los otros negocios en venta. A menudo tratan a su empresa como si fuera el único producto del mercado, olvidando que sin poder controlar la oferta global, el posible comprador a menudo se sentirá atraído por ver otras realidades por su cuenta: en este caso, hará comparaciones sólo en base a su percepción personal, asumiendo que un propietario exagera su empresa a menudo, ocultando sus defectos. El comprador puede sentirse a menudo "perdido" y desistir de las operaciones si no dispone de una "guía", que le presente también otras realidades y empresas: necesita discutir sistemáticamente los puntos fuertes y débiles de cada una y a menudo llega a través del diálogo, la comparación y la discusión para mejorar la empresa en cuestión al principio. Así pues, hay que tener cuidado, porque si por un lado es cierto que no todos los agentes inmobiliarios tienen el mismo impacto en una operación comercial, es igualmente cierto que aún menos tendemos a cerrar las operaciones de particulares y privados sin ayuda profesional. Y si como propietarios esperan que el contable del comprador respalde las elecciones de su cliente sin detenerlo, son muy inexpertos: sepan que incluso los mejores negocios se consideran arriesgados y sin éxito cuando se consideran sólo las leyes de presupuesto, y el resultado y "que a menudo el contable asusta tanto a su cliente que se olvida de la parte comercial y se da por vencido". El contador es una parte fundamental de una operación de este tipo, pero como técnico sólo debe entrar en la fase técnica de la negociación: en la fase de elección, oportunidad de mercado y elección dentro de un sector, debe ser el buen profesional inmobiliario el que tenga las habilidades para dirigirse al cliente. El contador ratificará entonces todos los detalles una vez que haya una negociación oficial en marcha. Por eso también es importante adquirir un cierto número de propiedades (en este caso activos), para tener una oferta variada que presentar a los inversores; los bienes inmuebles también deben tener la información correcta y la experiencia suficiente para distinguir la buena tienda de la "mala", sabiendo exactamente qué condiciones de mercado y de oferta debe ofrecer el producto (es innecesario), si una empresa es fantástica, para no perder credibilidad y en cualquier caso darle la oportunidad de ser comprada por lo que es): se ve, en efecto, que ciertas empresas respetan ciertos criterios y valores de mercado y un empresario decide invertir en una tienda en términos concretos: puede que no le interese, tal vez por su ubicación o sus límites técnicos, o puede que le interese pero no al precio que el propietario había pensado: será entonces el buen profesional inmobiliario el que tendrá que encontrar la cúspide del círculo y pactarlas.

- **Lenguas extranjeras:** "En el mundo globalizado y especialmente en las grandes ciudades y zonas turísticas, ¿cómo puede pensar en hacer lo mejor para su hogar si no sabe cómo llegar o no puede relacionarse con un cliente extranjero? Recuerde también que para cuestiones de confianza (trabaja en un país extranjero con reglas diferentes a las que conoce) es un perfil de cliente al que puede prestar aún más servicio y atención, porque querrá sentirse lo más seguro posible y buscará atención especializada de terceros". En los negocios esto se acentúa aún más, porque sucederá muy frecuentemente que uno de los vendedores o compradores sea extranjero, y desgraciadamente no podemos "salirnos con la nuestra" como en el sector residencial, donde no hay demasiados detalles que discutir, en general: aquí hay que hablar más bien de balances, cifras, problemas, reglamentos, etc., por lo que si no se quiere que la operación se salga de control, o pasar el control de la operación a un tercero que se desenvuelva en los distintos idiomas, hay que estar preparado también desde este punto de vista.

- **Nociones legales o reglamentarias**: "la mayoría de las veces, un propietario sabe poco sobre las características oficiales de su vivienda, en los documentos, o en todo caso no sabe exactamente cómo funcionan las cosas desde el punto de vista administrativo y teme la posibilidad de que en realidad no sean viables, o minimicen ciertos aspectos que son esenciales". Ya hemos explicado lo fundamental que es en el sector comercial no equivocarse en este sentido.

- **Capacidad para negociar y cerrar una negociación:** "Quisiera decir que, incluso entre los agentes inmobiliarios, que se forman y cierran cientos de tratos, algunos están más preparados (y con menos talento) con estas habilidades: por no hablar del hecho de que para un principiante es poco importante la capacidad de argumentar el valor de una propiedad, con información y datos que no sólo son significativos para esa propiedad, sino que representan un aspecto más amplio del entorno".

Se da por entendido que un empresario piensa que representa a su "criatura", desde un punto de vista no demasiado objetivo: "Entonces, ¿por qué está vendiendo? ". Es mejor estar preparado para responder a esta pregunta porque será la primera que un inversor le hará después de escuchar las cualidades especiales de la empresa en venta. Y las excusas clásicas no serán válidas cuando alguien demuestre que está agotado o que no tiene sentido: nadie se cansa de ganar dinero, y un comprador lo sabe; muchas veces incluso conoce la verdadera motivación de la venta, pero en el juego de las partes está poniendo a prueba al vendedor. La verdad es que la mayoría de las empresas venden por necesidad o por deseo de capitalizar, y son dos razones completamente opuestas, que en el mercado determinan un valor absolutamente diferente de ese negocio. En un estado de necesidad, al vender, no se puede pensar en salir "con ganancias muy altas", mientras que por otro lado un comprador no puede ni siquiera pensar en comprar una actividad que es notoriamente buena y que se vende sólo con el propósito de "realizar" la inversión. Hay que hacer un estudio adecuado y estas evaluaciones pueden ser sugeridas por un buen profesional preparado porque conociendo el tema, puede entender si una empresa es buena o no y, en la fase de cobro, ya debería haber hablado claramente con el propietario. Sin embargo, en la fase de negociación, cuando las cosas estaban claras y se midieron con el valor real de la empresa, hay que ser capaz de aclarar con el comprador y defender los puntos fuertes de la empresa.

Si en el ámbito residencial es cierto que la comparación entre varias propiedades funciona muy bien, es cierto que en el sector comercial, esto viene en segundo lugar porque las empresas a menudo no son en absoluto similares, debido a las diferencias de costos, ubicación y estructura. La experiencia vuelve entonces como un factor clave en la negociación: "un experto sabe cuándo es el momento de estirar la cuerda o el momento de flexibilizar las ideas; sabe cómo pasar los momentos de conflicto y volver con nuevos argumentos para afrontar los motivos de la discusión". Pero sobre todo, será necesario apelar al conocimiento técnico del presupuesto y a la evaluación real de la actividad: será necesario poder argumentar y defender lo que hemos esbozado anteriormente "conocimientos necesarios para crear una empresa"; en la práctica, será necesario poder dar un valor correcto y separado a la maquinaria, al fondo de comercio, a la bondad de los contratos existentes, a la posición, a las licencias, al saber hacer y a la marca, para que el comprador vea que el precio es el resultado de un razonamiento y de valores concretos y no es un "precio fijo lanzado al azar", basado en lo que el propietario quería cobrar por la venta. A los propietarios que, en cambio, operan según este último sistema, por lo que evalúan sus actividades en función de lo que han gastado, o de lo que les gustaría recuperar, sólo puedo decirles que el mejor negociador del mundo no podría ayudarles a vender algo que no tiene un valor probado y acorde, y ciertamente con un precio fuera del mercado, ni siquiera venderán por su cuenta, y sólo perderán un tiempo precioso. Sería una "burla" y puedo decir con seguridad que como profesional nunca me burlo personalmente de mis clientes, y sobre todo no soy un mago y no convierto el bronce en oro: el inversor, por muy inexperto que sea, no es un tonto: debe estar absolutamente contrariado cuando ofrece un valor muy inferior al del mercado, para intentar arrebatar un precio, pero debe estar absolutamente protegido y asesorado en la negociación cuando un activo o una propiedad está fuera del precio de mercado. Recuerda un lema muy significativo, que es aún más importante en el sector inmobiliario comercial: "la venta se celebra sólo cuando hay un equilibrio entre la oferta y la demanda", y esto es lo que el buen agente inmobiliario debe investigar y promover, es decir, que todos tengan un interés común y equilibrado.

CARACTERÍSTICAS PERSONALES
Además de los aspectos puramente técnicos, existe también un aspecto humano que no debe ser subestimado. De hecho, además de estar muy preparado, el mejor profesional debe saber poner

estas habilidades al servicio de los clientes para encontrar siempre un equilibrio entre el vendedor y el comprador, y esto no es posible si el profesional no tiene unas características personales únicas de empatía y comunicación, que le permitan transformar los aspectos técnicos en la capacidad de aportar soluciones, demostrar que es proactivo y capacidad de adaptación a los problemas para conseguir los objetivos marcados.

- La humanidad: "es necesario saber cómo entrar en el problema del cliente y solicitar y comprender sus necesidades reales para poder ayudarle realmente. Es difícil porque, muchas veces, el cliente esconde este tipo de información porque no muestra confianza en ella, pero con paciencia hay que ganarse su credibilidad y acercarse más". El buen profesional debe tener esta habilidad para cambiar de rumbo y adaptarse".

En las empresas es aún más difícil: casi nadie admite que el negocio no tiene los ingresos esperados y se vende por razones de necesidad: si por un lado es comprensible mantener una cierta postura ante un posible despilfarro para los inversores, por otro lado se complica el trabajo del agente inmobiliario: si le das información incorrecta o distorsionada, perderá mucho tiempo y puede que no se dé cuenta del estado real de urgencia, y aplicará políticas de negociación muy estrictas sobre las indicaciones que se le den. En cambio, hay que decirle a su agente cómo son exactamente, para que esté preparado incluso cuando llegue alguna pregunta incómoda; la oportunidad para ello es darle las herramientas para "defender" el negocio, admitiendo los puntos débiles, pero destacando los fuertes con credibilidad y firmeza. Por esta razón, se necesita una sensibilidad particular en la relación entre el vendedor y el cliente, en el intento de entrar en confianza y ser veraz en la situación real y así poder ayudarse mutuamente.

- No seas un "hombre de sí": "el mejor agente inmobiliario debe aprender a decir no". Diga no, cuando el valor de una casa está fuera del mercado; no, cuando un cliente quiere seguir su propio camino a veces en contra de su propio interés; no, cuando usted quiere forzarlo a un sistema de trabajo diferente al que normalmente usa y sabe que funciona; no, cuando usted cambia los acordes en curso o cuando tiene puntos de vista completamente equivocados. Demasiadas veces se acepta todo y está claro que quien no sepa negociar con un propietario difícilmente podrá ser un buen negociador incluso con un comprador".

En el sector comercial vale el doble. Hay ciertas actividades que no tienen los adornos para ser revendidas: no tienen ninguna oportunidad o posibilidad, porque están mal estructuradas o porque el propietario insiste en darles un valor exagerado, o porque simplemente no hay demanda de ese tipo: en estos casos el mejor valor real El agente inmobiliario no puede resolver o cambiar la situación, como ningún otro, y es bueno aprender a fijarse en estos detalles durante la fase de evaluación y captación, para no perder el tiempo y ni siquiera perderlo para el vendedor: las actividades no son, de hecho, un bien que pueda esperar a ser vendido. Son verdaderas inversiones y cuando no son productivas son verdaderas deudas, por lo que el tiempo no es secundario.

Embarcarse en una comercialización que no mantiene una salida es perjudicial tanto para el profesional como para el propietario.

- Anticiparse a los tiempos: " tienes que ser inconforme si quieres anticiparte a la competencia y a los tiempos. La economía cambia y a nadie le gustan los cambios, sobre todo cuando son peores: recuerdo que personalmente anticipé una nueva crisis en el mundo inmobiliario en diciembre de 2019 y mucho antes de que se supiera lo de la covid-19: hoy todo el mundo tiene claro que, lamentablemente, mis predicciones no se habían difundido en todo el ámbito, debido a este virus que perturbó completamente nuestras vidas y nuestra economía; ¿pero sobre qué base había afirmado en mis análisis que habría una recesión inmobiliaria en 2020? Había identificado a Brexit, el relanzamiento de Oriente Medio, la crisis de las casas de vacaciones y la alteración física de los ciclos económicos como las causas de un declive próximo e inevitable: lo que entonces ocurrió con el virus no hizo más que acelerar un proceso que ya estaba en marcha y que yo había visto muy claramente antes que otros". Hablando de empresas, este concepto se amplía porque la recesión será importante y pesada. Habrá menos liquidez, muchas cerrarán en los próximos meses y muy pocas tendrán la fuerza para abrirse. No se puede dejar de dar un paso e incluso aquellos que tendrán fondos y querrán tomar tendrán el camino cuesta arriba al principio: sí, una vez en el mercado habrá menos competencia quizás, pero habrá que entender primero cómo moverse y actuar, y siempre es mejor mantener al lado a alguien que tenga una visión y entienda cómo se mueven las cosas con anticipación.

- Encontrar soluciones: "Encontrar soluciones es algo muy personal, como involucrarse mucho en un problema, hasta encontrar una idea clara o una forma práctica de resolverlo. Muchas veces se trata de burocracia, que puede paralizar una operación y a la que un profesional siempre trata de encontrar formas alternativas de resolver, o también puede tratarse de aspectos más técnicos como la transformación o distribución de un entorno, en lugar del contacto de algún técnico para entender y resolver cualquier problema que se produzca".

No es secundario conocer también las nociones de renovaciones en lo que se refiere a la venta de una casa (o de una actividad comercial), también porque si no es útil para el vendedor, puede ser útil para un posible comprador mostrarle o imaginar cómo podría ser la casa de sus sueños con sólo unos pequeños retoques.

- Comunicación clara con el cliente: "no tener la personalidad para decir ciertas cosas claramente a tu cliente puede ser uno de los aspectos más negativos de todos los tiempos". En cuanto a la venta de negocios, debes ser muy claro con tu cliente de ventas y discutir con él lo que podría pasar si tiene éxito o no puede vender. Siempre hay opciones y es bueno conocer el tema para poder prepararse junto con su cliente.

- Disponibilidad: "no contestes rápidamente el teléfono, no devuelvas las llamadas, no te mantengas en contacto, siempre son malos síntomas".
- Carisma, empatía, forma de hacer: "son cualidades que pueden parecer insignificantes pero que sin duda son el factor de conversión más poderoso en las ventas, porque son cualidades destinadas a crear una relación personal con las personas". El buen agente inmobiliario es el que consigue que todo parezca natural y lleva el tema a un lecho muy personalizado y estrecho, con confianza, tranquilidad incluso en los momentos más críticos de las distintas fases de una negociación".

En el sector empresarial, también es importante demostrar que se conoce perfectamente ese entorno y que se sabe cómo moverse, tanto por el conocimiento técnico, como por el conocimiento de parte de los clientes o el conocimiento común. En este campo, a diferencia del residencial, me gusta bromear y decir que más que empatía se necesita disgusto: Digo esto porque "con una sonrisa vendes casas, pero con escrituras vendes empresas"; es mucho mejor ser eficaz, directo y claro, porque el tipo de cliente con el que tratas cambia. Salvo excepciones, la mayoría de nosotros tratamos con vendedores y compradores, es decir, con empresarios que no están ahí para divertirse, sino para hacer negocios: hablan de dinero, de la posibilidad de ganar o perder. En apariencia, las relaciones son aún más amigables que entre particulares, porque los actores en cuestión "saben hacer bien su papel", pero en realidad tienen manos firmes y no cederán ni un ápice para romper las mejores condiciones y, por lo tanto, poder llevar a buen término una negociación de este tipo es siempre muy complicado. En promedio, están más acostumbrados a negociar, pero precisamente por eso si por un lado simplifican el acuerdo en general, llegando incluso a sorprender por la sencillez con que se llega, les aseguro que la fase de "definición de los detalles" es siempre larga y difícil, y por lo tanto también una negociación que parece fácil, siempre se duplica con el tiempo y las dificultades.

BIENES RAÍCES COMERCIALES Y ECONOMÍA: EL CONCEPTO DE TIEMPO

Creo que es importante profundizar en el concepto de tiempo en el sector inmobiliario comercial, porque dije que es una de las cosas más importantes a tener en cuenta. El tiempo puede significar el momento adecuado, el ciclo comercial correcto, para trabajar con una empresa, o para comprarla o venderla; en un negocio, el momento adecuado lo es todo porque es la herramienta a través de la cual uno se redime, o para salir de los problemas en lugar de reevaluarse. Comprar en el momento equivocado puede ser perjudicial y vender en el momento adecuado puede ser un ganador, incluso si no se tiene el mejor producto: son ejemplos límite, pero indican que "ir en el tiempo" no es algo secundario: incluso en la música, por ejemplo, el tiempo lo es todo: la melodía más perfecta tocada fuera del tiempo tiene contornos grotescos. Incluso la aplicación del concepto "demasiado rápido o demasiado lento" es válida en la música más que en el empresariado: está fuera del tiempo en ambos casos. Hay que invertir, planificando y contando con los mejores profesionales. Y luego hay que concretar y captar. La vida de una empresa está marcada por acciones de actualidad y momentos en el tiempo.

Quien se equivoque "a tiempo" en la actividad comercial probablemente cobrará menos de lo esperado, porque esta variable en el mercado residencial es menos contundente, pero aquí es crucial. La economía está sujeta a variaciones cambiantes y periódicas, lo que significa que durante los ciclos anuales está destinada a subir y bajar inevitablemente. Si pudiéramos elegir cuándo emprender, la elección correcta sería, obviamente, organizarnos y estar listos para salir en los momentos de recesión: ser los primeros en comenzar justo antes de que el ciclo cambie, ser los más fuertes después, cuando nos encontremos recuperándonos y siendo líderes del mercado.

¿Y después? El gran inversor sabe anticiparse a los tiempos, y por lo tanto vendería cuando el negocio esté en la cima, tal vez después de que le permitiera invertir comprando la propiedad donde la ejerció: en este caso podría aprovechar los ingresos, a través de la venta de la misma y también de los insumos del alquiler de la propiedad, estando en la condición de haber montado un "negocio pasivo" que seguirá caminando por sí mismo produciendo una renta vitalicia, y una vez que la compra de la propiedad se haya amortizado, produciendo ganancias reales (totalmente pasivas).

<Las actividades comerciales son un arte para poder construir y cultivar > LV

Capítulo 5: CONCLUSIONES

En nuestro análisis hemos tratado todos los aspectos relativos a las inversiones residenciales y comerciales, prestando especial atención en este último caso a las actividades comerciales y a la categoría que más las representa en términos de difusión y popularidad, a saber, el sector de la alimentación y las bebidas y el sector de los ingresos.

Así pues, hablamos del inversor y de todo lo que necesita saber para comprar bien y construir un negocio que sea rentable y que pueda proporcionarle ingresos a lo largo del tiempo, diferenciando las inversiones inciertas de las más seguras.

A lo largo de este proceso, quisimos destacar la importancia de la planificación, de la aplicación seria y dedicada al sistema empresarial, llevada a cabo de forma espontánea, pero inspirada en buenas ideas, apoyada en hechos y acciones profesionales, con el fin de aumentar la fuerza y la utilidad del mismo. Definimos entonces claramente el hazlo tú mismo, entendido como improvisación, un intento de salvar o desordenar, como un elemento muy extendido, pero muy perjudicial ya que a largo plazo no permite sentar las bases de un trabajo estable y rentable, dando sólo unos pocos beneficios de forma inmediata y, por el contrario, generando a menudo una serie de problemas e incertidumbres que llevan a la empresa a ganar menos de lo esperado.

Por el contrario, hemos promovido la acción de unos pocos pero buenos profesionales de las distintas profesiones: es fundamental diferenciar los realmente valiosos de los mediocres, pero una vez hecho esto, hemos motivado cuáles son los valores importantes que deben tener estas figuras profesionales y, sobre todo, hemos hecho un retrato de cómo un inversor puede reconocerlos y evaluarlos y de los conocimientos que deben tener.

Porque, no olvidemos que el objetivo común de todo este camino es el del activo de la empresa y la optimización de la inversión, de manera que hay que saber reconocer la inversión adecuada, ser capaz de tomarla, organizar un sistema que sea rentable y conseguir vender: se requieren, por tanto, muchas especializaciones para un trabajo muy largo, laborioso y complejo, que si se desarrolla sin problemas en cualquiera de estas fases, se convierte en menos rentable de lo esperado, incluso hasta el punto de ser una inversión negativa. En este sentido, encontramos al final, la verdadera diferencia entre el "hágalo usted mismo" y un sistema de apoyo profesional para un inversor: siempre que ambas situaciones pueden llevar al éxito o al fracaso, según el caso, lo que es cierto es que un autodenominado especialista en la materia que "se organiza a sí mismo" sólo puede llegar hasta cierto punto; pero un empresario con visión y organización, que sabe cómo hacer uso de sus conocimientos, y donde quiere optimizar sus ingresos, con la ayuda de un asesoramiento profesional válido, siempre tiene un instrumento adicional, así como un indicador de referencia. En efecto, yo diría que éste es precisamente el punto: podrá expresar una capacidad de acción claramente más selectiva y más amplia, y sin duda alcanzará los objetivos que se había fijado y tal vez incluso vaya más allá.

<Nadie gana…, porque todos ganan en mis negociaciones>
LV.

Información del autor

Lucas - Luca Vismara. Nació en Italia, donde completó estudios técnicos humanísticos y desarrolló fuertes habilidades artísticas, antes de graduarse en "Economía de la innovación y el desarrollo de los recursos humanos"; empresario a la edad de 23 años en el sector de la restauración, se convierte en propietario y director de varios lugares con alimentos y bebidas & entretenimiento, organizando eventos y desarrollando muchas experiencias en el campo de la organización de eventos (home staging) aplicados a actividades comerciales y renovaciones de propiedades residenciales: primero viendo cómo trabajan los grandes empresarios de este sector, luego participando activamente en la remodelación de las mismas propiedades que administra y finalmente participando en cursos en línea dedicados al sector. Posteriormente entró en contacto con el mundo de la venta de actividades comerciales, extendiendo después esta capacidad en el sector inmobiliario residencial. Donde desarrolla habilidades no sólo en la venta, sino también en la reestructuración, ayudando a sus clientes en los distintos proyectos de las propiedades vendidas. La explosión del sector inmobiliario se produjo durante su experiencia internacional en España; es en las Islas Canarias donde opera en este sector, posicionándose rápidamente entre los profesionales más reconocidos y su área. En la actualidad, cuenta con una excelente habilidad de comunicación en diferentes idiomas (italiano, español, inglés) y se ocupa de la venta de inmuebles y de la asesoría en restauración y ambientación de viviendas tanto en el sector de la alimentación y el entretenimiento como en el de las inmobiliarias, expresando ideas innovadoras y diseños siempre a la moda. Autor de varios libros sobre el sector inmobiliario.

Si tienes una casa o un "lugar" para vender o comprar, y luego tal vez quieras restaurarla, ¡acabas de encontrar a la persona adecuada!

Www.lucavismara.es Www.casas360.eu Www.bares360.es

Luca Vismara

<El agradecimiento por este libro va a mis padres, que me han permitido una educación sin costo alguno y me han ayudado en mis diferentes experiencias, a mis colaboradores y a mis colegas de los que aprendo continuamente> LV

www.ingramcontent.com/pod-product-compliance
Lightning Source LLC
Chambersburg PA
CBHW071353210526
45465CB00001B/76